Bernd Stegemann   Das Gespenst des Populismus

Bernd Stegemann
Das Gespenst des Populismus
Ein Essay zur politischen Dramaturgie

© 2017 by Theater der Zeit
2. Auflage

Texte und Abbildungen sind urheberrechtlich geschützt. Jede Verwertung, die nicht ausdrücklich im Urheberrechts-Gesetz zugelassen ist, bedarf der vorherigen Zustimmung des Verlages. Das gilt insbesondere für Vervielfältigungen, Bearbeitungen, Übersetzungen, Mikroverfilmung und die Einspeisung und Verarbeitung in elektronischen Medien.

Verlag Theater der Zeit
Verlagsleiter Harald Müller
Winsstraße 72 | 10405 Berlin | Germany

www.theaterderzeit.de

Lektorat: Nicole Gronemeyer
Gestaltung: Sibyll Wahrig unter Verwendung einer Umschlagabbildung:
© Knut Hebstreit/fotolia.com
Druck: druckhaus köthen
Printed in Germany

ISBN 978-3-95749-097-1

Bernd Stegemann

Das Gespenst des Populismus

Ein Essay zur politischen Dramaturgie

Theater der Zeit

EINLEITUNG

Die Wohlstandsgesellschaften sind offenkundig tief gespalten. Während die eine Hälfte ihre Umgangsformen verfeinert und den Alltag liberalisiert, ist die andere Hälfte wütend darüber, wie stark ihr Leben durch die Zwänge von Arbeit und Armut eingeschränkt ist. Die einen sind am 9. November 2016 vom Wahlergebnis in den USA schockiert, während die anderen feiern, weil sie ihrer Wut eine Stimme geben konnten. Die Medien haben über Monate den Sieg der liberalen Kandidatin beschworen und sind mit einem neuen Präsidenten Donald Trump aufgewacht. Die Vernünftigen in aller Welt können noch immer nicht begreifen, was der „bemitleidenswerte Abschaum", wie Hillary Clinton die Trump-Wähler nannte, getan hat.

Die Situation erinnert an die Fassungslosigkeit toleranter Eltern, die hilflos dabei zusehen müssen, wie ihre Sprösslinge sich immer weiter radikalisieren. Und während der Abgrund zwischen den Vernünftigen und den Revoltierenden wächst, liefern die zahlreichen Talkrunden und Zeitungsartikel in einer Wiederholungsschlaufe die immer gleichen Erklärungen: Populisten geben einfache Antworten auf komplexe Probleme, sie spalten die Gesellschaft in Eliten und Volk und sie wollen Grenzen errichten, wo bisher Freiheit war.

Die These dieses Essays ist, dass der Populismus gewinnt, weil das Projekt des Liberalismus in einer tiefen Krise steckt.

Brexit, AfD, Marine Le Pen, Viktor Orbán, Beppe Grillo und als irrer Höhepunkt des Jahres 2016 der Wahlsieg von Donald Trump haben das doppelte Problem des Liberalismus brutal aufgedeckt: Er ist zum einen in einer Kollaboration mit dem Neoliberalismus gefangen und er ist zum anderen in sich selbst gefangen.

Das liberale Projekt war seit der französischen Revolution eine einzigartige Erfolgsgeschichte, die mit dem Zusammenbruch der Sowjetunion ihren vorläufigen Höhepunkt erreicht hat. Alle Welt wollte so leben wie die Menschen im freien Westen. Ihre Mode und ihre Musik waren cooler, ihre Konsumgüter besser und ihr alltägliches Leben viel aufregender als das in den geschlossenen Gesellschaften. Freie Menschen konnten offensichtlich bessere Dinge erfinden und auch im Umgang miteinander sorgsamer und liebevoller sein.

Doch irgendetwas scheint bei dem globalen Siegeszug des Liberalismus schiefgelaufen zu sein, denn es lässt sich nicht länger übersehen, wie gerade in den liberalsten Gesellschaften die größten Krisensymptome entstehen. Die Freiheit des Individuums scheint immer weniger als Errungenschaft empfunden zu werden, sondern vielmehr als Last. Die Offenheit der Gesellschaft wird immer weniger als Möglichkeit zur Selbstentfaltung empfunden, sondern vielmehr als Gefahr. Und die Gleichberechtigung aller Menschen ist kein wahr gewordener Menschheitstraum, sondern Stress für den Einzelnen, der sich einer globalen Konkurrenzsituation ausgesetzt sieht. Das allgemeine Lebensgefühl ist das der Überforderung in einer grenzenlosen Welt.

Das Zeitalter des Populismus ist spätestens mit dem Jahr 2016 angebrochen. Sein Kennzeichen ist der tragische Konflikt zwischen den Verteidigern der offenen Gesellschaft und ihren Angreifern. Der Konflikt unterscheidet sich von den bisherigen Kämpfen zwischen liberalen und totalitären Ideologien dadurch, dass die Widersprüche in der Postmoderne andere sind als zuvor. Der Liberalismus hat es geschafft, konkrete Widersprüche in komplexe Paradoxien zu verwandeln, und konnte sich mit diesem Trick für viele Jahre der Kritik entziehen. Jetzt, wo die Widersprüche wieder konkret und die Gegensätze schroffer werden, treten die realen Interessen hinter der glitzernden Fassade seiner paradoxen Kommunikation hervor.

Die offene Gesellschaft hat sich selbst in die Schusslinie gebracht, weil sie allzu lange ihre Kollaboration mit dem Kapital ignoriert hat. Heute, wo die Globalisierung die Unterstützung durch die fortschrittlichen Kräfte immer weniger benötigt, da die Grenzen für das Kapital längst abgeschafft sind, erscheint der Liberalismus plötzlich wie der dumme Gehilfe, der seine Schuldigkeit getan hat und nun abtreten kann. So zeichnet sich der tatsächliche Frontverlauf langsam ab. Er liegt nicht mehr zwischen der offenen Gesellschaft und ihren Feinden, sondern er verläuft zwischen der globalen Macht des Kapitals und den Menschen.

Die bittere Einsicht für alle ist: Der Kapitalismus braucht keine Demokratie und die Globalisierung braucht die offene Gesellschaft nur als Türöffner, um die sozialen Errungenschaften des Wohlfahrtsstaates zerstören zu können. Die Eliten, die aktiv von dieser Lage profitieren und sie durch ihren liberalen Populismus befördert haben, geraten von zwei Seiten unter Druck: Die Menschen wollen, dass Freiheit nicht im Widerspruch zu ihrem Leben steht, und das Kapital will schutzlose Arbeiter, deregulierte Märkte und willige Konsumenten, die sich der Dynamik der Ausbeutung unterwerfen.

Will man die falschen Antworten des Rechtspopulismus auf die richtige Frage nach den Fehlern der Globalisierung parieren, so muss die offene Gesellschaft damit anfangen, ihr Verhältnis zum Neoliberalismus zu verändern. Denn solange die liberalen Kräfte mit dem Kapital kollaborieren, so lange führen die Angriffe des Rechtspopulismus zu der tragischen Situation unserer Zeit. Die Macht des rechten Populismus besteht in der richtigen Behauptung, dass liberale Werte und soziale Ungleichheit zwei Seiten derselben Medaille sind, und zugleich liegt er mit seinen Lösungen absolut falsch. So kann sich die Tragödie immer weiter zuspitzen und die rettende dritte Kraft lässt auf sich warten. Denn das linke Denken, das in den Widersprüchen des Kapitalismus die Chance zur Veränderung erkennen könnte, hat in der Postmoderne seine entscheidende Kraft verloren: die Dialektik. Die undialektischen Linken unserer Zeit können weder die Angriffe des Rechtspopulismus parieren noch können sie zu einer eigenen Strategie kommen, um die Paradoxien des Liberalismus offenzulegen.

Insofern machen sich die Verteidiger der offenen Gesellschaft noch immer falsche Hoffnungen, wenn sie nach Patentrezepten gegen den Rechtspopulismus suchen. Ausgrenzen oder umarmen, integrieren oder diffamieren, alle Methoden verfehlen das Problem, und es hilft auch nichts, den Menschen die Politik besser erklären zu wollen oder sie weiterhin moralisch einzuschüchtern. Die einzige Lösung liegt in der Selbstkritik des Liberalismus. Dass der Rechtspopulismus den Druck erhöht und die Linken ausfallen, macht die Situation nicht einfacher.

Dieser Essay versucht, die Tragödie des Populismus als dialektische Bewegung zweier Welten zu begreifen. Die humane

Haltung zu einer Tragödie kann niemals darin bestehen, sich auf eine der beiden Seiten zu stellen. Der antike Demos hatte erkannt, dass der Ausweg allein darin besteht, von beiden Seiten zu lernen, ohne ihnen auf den Leim zu gehen. Wir alle sind gerade Zeugen, wie die offene Gesellschaft sich mit ihren paradoxen Sprachspielen, hyperkritischen Diskursen und gut verschleierten Privilegien selbst zerstört und wie die Rechtspopulisten hierbei gewaltig mithelfen.

Die Tragödie ist eine Botin der Katastrophe. Sie anzuschauen, kann dem Publikum Angst machen und ihm zugleich die Kraft verleihen, um für das Menschliche und gegen die Gewalt zu kämpfen. Wir alle sind Zuschauer der Tragödie des Populismus. Die Wahl liegt bei uns, ob wir die Augen verschließen und uns auf eine der beiden Seiten schlagen oder ob wir wie die antiken Erfinder der Demokratie aufstehen und die Sache selber in die Hand nehmen. Denn eines ist in der Tragödie absolut sicher: Beide Seiten haben gleichermaßen Recht und darum müssen beide Seiten untergehen. Rettung liegt allein bei denjenigen, die das erkennen.

EINE SYSTEMTHEORIE DES POPULISMUS

Das populistische Paradox

Wenige politische Begriffe sind so dehnbar wie der des Populismus. Mit Ralf Dahrendorf könnte man meinen: „Des einen Populismus ist des anderen Demokratie, und umgekehrt." Die kürzeste Definition unserer Tage lautet dann auch, dass der Populist einfache Antworten auf komplizierte Fragen gibt. Dass nicht wenige meinen, das Phänomen damit ausreichend erklärt zu haben, könnte man hingegen als Populismus kritisieren. Denn was ist mit der Behauptung gemeint, dass die Antworten zu einfach sind für die Komplexität der Lage? Da nicht jede einfache Antwort falsch sein und nicht jede Behauptung von Komplexität stimmen muss, liegt der Wahrheitsanspruch wohl auf der politischen Ebene. Eine einfache Antwort ist dann falsch, wenn sie der eigenen Meinung widerspricht, und sie ist populistisch, wenn mit ihr Stimmen gewonnen werden sollen.

An dieser Stelle kommt bereits die zweite Eigenart des Populismus ins Spiel, die ihm erst seine paradoxe Form verleiht. Die populistische Aussage fügt der inhaltlichen Differenz eine besondere formale Eigenart hinzu. Eine Aussage ist dann populistisch, wenn sie der herrschenden Meinung widerspricht und dafür Mittel verwendet, die ebenfalls den herrschenden Umgangsformen widersprechen. Populismus kann also weder über seine Inhalte noch über seine Form erfasst werden, sondern nur durch das Verhältnis, in das er die beiden Seiten bringt. Damit gehört der Populismus zu den rhetorischen und performativen Kulturtechniken, die am Beginn der demokratischen Kultur erfunden wurden, um Meinungsbildung und Abstimmung möglich zu machen. Populismus steht am Anfang der demokratischen Kultur, und es ist wohl kein Zufall, dass zeitgleich mit der Demokratie im antiken Athen auch das Theater erfunden wurde. Das öffentliche Sprechen des Politikers wie des antiken Heroen in der Tragödie will die Mehrheit auf seine Seite ziehen. Im Wettkampf um die Zustimmung zählen die besseren Argumente, aber auch das Charisma, die persuasiven Techniken der Rhetorik und die Weltanschauung des Sprechenden.

Jeder Ansatz, der den Populismus nur von der inhaltlichen oder nur von der formalen Seite begreifen will, verfehlt sein Wesen und ist in seinem Missverstehen nicht selten politisch motiviert. So hat sich in der jüngsten Welle von Populismusvorwürfen die inhaltliche Bestimmung in den Vordergrund geschoben, nach der alles populistisch sein soll, was z. B. gegen die europäische Bürokratie oder den Euro ist, Migrationsbewegungen skeptisch bis ablehnend gegenübersteht, soziale Ungerechtigkeit anklagt oder Globalisierung kritisiert. Man sieht schnell, dass mit einem solchen Begriff nichts gewonnen ist, da er im Dahrendorfschen Sinne ebenso gut auf die andere politische Seite – also die Befürworter des Euro, die Verteidiger der Immigration oder die Nutznießer der sozialen Ungleichheit – angewendet werden könnte. Beide Seiten geben auf komplizierte Probleme einfache Antworten. „Grenzen dicht" oder „wir schaffen das" unterscheiden sich im moralischen Gehalt, aber nicht in ihrer Schlichtheit. Eine konkretere Begriffsbestimmung muss also die besondere Art der populistischen Anrufung untersuchen.

Die populistische Anrufung stellt einen gemeinsamen Raum zwischen Redenden und Zuhörenden her, in dem die Anwesenden zu einer besonderen Gemeinschaft zusammengeführt werden, weil sie von einer anderen Gruppe unterschieden werden. Die Anrufung eines Wir, das nur zum Wir werden kann, weil es sich von anderen abgrenzt, gehört zu den wesentlichen Situationen des Politischen. Die Art und Weise, wie die Grenze zwischen Wir und Sie gezogen wird, wer dadurch voneinander getrennt wird und wie die beiden Seiten bewertet werden, gehört zu den wesentlichen Parametern von politischem Handeln. Der öffentliche Streit um die Grenzziehung ist das Feld des Populismus, der in seiner historischen Entwicklung zu je anderen Erscheinungsformen findet.

Die dem Populismus entgegengesetzte Art des politischen Sprechens reagiert auf die Grenzziehung der Wir/Sie-Unterscheidung, indem sie genau diesen Mechanismus negieren will. Hier wird kein Wir in Abgrenzung zum Sie geformt, sondern die Zuhörenden werden zu Mitgliedern einer gemeinsamen sozialen Welt gemacht, die bestimmte Regeln hat, nach denen die Zugehörigkeit und der Rang des Einzelnen bestimmt werden. Der Sprechende und die Hörenden sind dabei nicht automatisch in derselben Welt, sondern es ist sogar häufig der Fall, dass sie in verschiedenen Realitäten beheimatet sind. Eine solche Situation erzeugt kein einheitliches Wir, sondern eine Differenz zwischen dem Einzelnen und den Vielen, und sie produziert einen Abstand zwischen der Position des Sprechenden und den vom ihm Unterrichteten. Dieser Abstand kann dann vom populistischen Sprechen wiederum als Grenze beschrieben werden, die z. B. die Eliten vom Volk trennt.

Die Wir/Sie-Unterscheidung erzeugt eine Gemeinschaft in Abgrenzung zu einem Außen, während die Anrufung einer gemeinsamen Welt eine Gruppe von Einzelnen hervorbringt. Eine solche Ansprache könnte man die liberale politische Situation nennen, die zu den Hauptmerkmalen der offenen Gesellschaft gehört. Im Gegensatz dazu steht die populistische Anrufung der Wir/Sie-Unterscheidung, die man die demokratische Situation nennen könnte, da sie einen Antagonismus provoziert, in dem die Mehrheit die Macht ausübt. In den zwei politischen Kommunikationsformen des Liberalismus und des Populismus ist das Paradox der neuzeitlichen Demokratien aufgehoben, die permanent den Widerspruch von Mehrheitsmacht und individuellen Rechten ausbalancieren müssen.

Die Mittel der liberalen Situation folgen aus dem liberalen Menschenbild. Der Mensch wird als Bürger gedacht, der über ein Eigentum verfügt, das aus persönlichen Eigenschaften, sozialen Beziehungen und ökonomischen Werten bestehen kann. Der Wert des Einzelnen resultiert aus der Summe all dieser Eigentumsverhältnisse und seine Subjektivität resultiert aus einer Bildungsbiografie, in der die notwendigen Kompetenzen zum Erwerb und Schutz des Eigentums erworben werden. Die soziale Welt ist für den Eigentümer eine Bedingung seines Vermögens und seiner Individualität. Sie ist in letzter Konsequenz kein eigener Wert, so dass eine der radikalsten Vertreterinnen des Liberalismus, Margaret Thatcher, einst sehr erfolgreich verkünden konnte: „There is no such thing as society."

Die Mittel der demokratischen Situation hingegen basieren auf den allgemeineren Bestimmungen der Gleichheit der Menschen. Jeder Mensch soll hier unabhängig von seinem Eigentum an Bildung, an sozialem oder ökonomischem Kapital denselben Wert haben und das gleiche Recht, seine Stimme öffentlich machen zu können. Die Gleichheit der Gemeinsamen gründet sich in der Ungleichheit zu den anderen, während die Ungleichheit der Mitglieder in der liberalen Situation aus der Gleichheit der Regeln folgt. Der Widerspruch zwischen dem demokratischen Gleichheitsanspruch und den liberalen Freiheiten, die sich in den unterschiedlichen Biografien ausdrücken, wird in beiden politischen Situationen auf verschiedene Weise präsent.

Die illiberale Gleichheit der Demokratie steht im Widerspruch zur liberalen Freiheit der Ungleichen. Beide Anrufungsformen existieren gleichzeitig in der modernen Demokratie. Der Kampf um die Definitionsmacht, wer als Demos zusammenkommen und welche Fragen entscheiden darf, bestimmt die Machtbalance jenseits des tagespolitischen Geschehens. Den gesellschaftlichen Raum, der aufgrund dieser politischen Kommunikationsformen entsteht, könnte man die öffentliche Meinung nennen.

Die öffentliche Meinung

Die öffentliche Meinung ist, so kann man mit Niklas Luhmann sagen, „der Heilige Geist des Systems".[1] Die öffentliche Meinung wird durch das öffentliche Sprechen hergestellt und sie ist zugleich dasjenige, das bei all diesen kommunikativen Handlungen sowohl der Adressat ist wie auch die Instanz, die es hervorzubringen und zu beeinflussen gilt. Öffentliches Sprechen findet im Medium der öffentlichen Meinung statt und formt hierin bestimmte Aussagen zu Meinungen, die dann Zustimmung oder Ablehnung erfahren. Die Bildung von erkennbaren Formen im Medium der öffentlichen Meinung führt dann zur Kritik genau solcher Formbildungen als Manipulation, und zugleich stellt das Medium wiederum die Möglichkeit zur Verfügung, auch eine solche Kritik wiederum als Manipulation kritisieren zu können.

Um diese Funktion als ein Medium für die politische Kommunikation zu erfüllen, verfügt die öffentliche Meinung über eine anspruchsvolle Technik. Mit ihr wird die besondere Form einer Beobachtung zweiter Ordnung von politischem Handeln organisiert. Mit der Beobachtung zweiter Ordnung ist eine Beobachtung gemeint, die nicht nur die Tatsachen wahrnimmt, sondern ebenso die kommunikativen Akte beobachtet, die solche Tatsachen in Form von Meinungen und Behauptungen hervorbringen. Bei einer solchen Beobachtung werden also immer zwei Ebenen von Realität zugleich wahrgenommen: Es gilt zu verstehen, was gesagt wird, und es gilt zu begreifen, in welcher Form etwas gesagt wird und was der politische Gehalt dieser Form ist. Jede Aussage ist der Ausdruck einer Meinung, und zugleich ist die Meinung nicht nur ein Hinweis auf die Relativität des Gesagten, sondern sie ist im Medium der öffentlichen Meinung eine eigene Tatsache, auf die man achten und reagieren muss.

Im Medium der öffentlichen Meinung können aufgrund der paradoxen Verfassung der Demokratie unterschiedliche Schemata realisiert werden. Paradox ist die Demokratie, da die liberale und die demokratische Anrufung in ihr gleichzeitig passieren. Dieses Paradox wird mit Hilfe von Schemata für einzelne Themen oder Zeitpunkte entparadoxiert. Mit einem Schema ist eine festere Kopplung der Elemente des Mediums gemeint, die dazu führt, dass bestimmte Begriffe, Meinungen und Argumente als feststehende Wahrheiten auf Zeit entstehen können.

Man kann für die öffentliche Meinung der letzten Jahrzehnte einige Schemata ausmachen, die der Orientierung von Debatten dienten und die im Laufe der Zeit selbst wieder verändert wurden. Die zum Teil unmerklichen Verschiebungen, die die Schemata und die mit ihnen verknüpften Wertungen erfahren, führen dazu, dass die politischen Orientierungsbegriffe nicht zu allen Zeiten das Gleiche meinen oder gar der gleichen politischen Ideologie zugehören. Wem welche Verschiebung gelingt, ist dann entscheidend für die Besetzung von Themen und die Durchsetzung der jeweiligen politischen Meinungen. Eine der häufigsten Strategien besteht darin, die positive Aufladung bestimmter Schemata von einem politischen Lager in ein anderes zu verschieben, während sich die Absicht dabei komplett verdreht.

Beim Begriff der Freiheit ist diese Strategie besonders kompliziert und erfolgreich angewendet worden. Wer heute Freiheit zum Thema macht, kann damit Arbeitsverhältnisse flexibilisieren und damit vor allem die Freiheiten des Unternehmers meinen, oder er kann individuelle Freiheiten einfordern, die eine Einschränkung staatlicher Einflussnahme oder disziplinierender Kontrolle zur Folge haben. Gerade am Schema der Freiheit kann bei seiner Verschiebung vom Liberalismus zum Neuen Liberalismus beobachtet werden, wie der Austausch des Inhalts nicht dazu führt, dass auch die positive Wertung sich verändert.

Ein anderes verbreitetes Schema der letzten Jahrzehnte ist das der Krise, auf die reagiert werden muss, deren Gestalt aber eben auch von konkreten politischen Positionen hervorgerufen wird, um dann für bestimmte Absichten genutzt werden zu können. Wer z. B. eine Krise des Rentensystems ausruft, verfolgt meistens das Ziel, an der bestehenden Ordnung etwas zu ändern. Dass eine Änderung dann fast immer zum Nachteil der davon Betroffenen gerät, ist durch die Ausrufung der Krise vorbereitet und rückwirkend legitimiert. Aktuell ist in der deutschen Politik durch die Ausrufung einer Rentenkrise zu beobachten, dass ein Konflikt zwischen Jungen und Alten und zwischen Rentnern und Pensionisten etabliert wird. Indem der Konflikt so hervorgerufen wird, gelingt es, die gesellschaftliche Funktion des Eigentums aus der Debatte herauszuhalten. Es wird also ein Verteilungskampf zwischen den Beitragszahlern und den Rentenempfängern erzeugt, um den tatsächlichen Konflikt zwischen den Beiträgen aus Arbeit und den fehlenden Beiträgen aus Kapitaleinkünften zu verschleiern.

Ein weiteres Schema der letzten Jahre ist das der Reform. Wer von Reformen spricht, kann Engagement zeigen und von anderen einfordern. Auch wenn man noch nicht weiß, was zu welchem Zweck reformiert werden soll, hat man erst mal signalisiert, dass man selbst dazu bereit ist. Wer als Erster Reformbereitschaft für sich reklamieren kann, ist damit allen anderen gegenüber im Vorteil, egal, welche konkreten Reformen er damit verbindet.

Die Macht von Schemata im Medium der öffentlichen Meinung gehört zu den am besten getarnten strategischen Mitteln in der Demokratie. Wer die Narrationen beeinflusst, die zur Legitimation von Interessen erzählt werden, bestimmt die öffentliche Meinung. Und wer die Wertungen innerhalb der Narrationen verschieben kann, ohne dass die Interessen dabei erkennbar werden, bestimmt über die Grenzen des Sagbaren. Je plausibler und natürlicher die Narrationen wirken, desto größer ist ihre Wirkung. Die Arbeit der Spindoktoren wird darum zugleich unter- und überschätzt. Sie wird unterschätzt, weil die Macht der Erzählungen die Gewalt des besseren Arguments immer weiter verdrängt. Und sie wird überschätzt, weil die Schemata, die für die Narrationen zur Verfügung stehen, von den Spindoktoren selbst nicht beeinflusst werden können. Die Verbindung der Schemata zu den gesellschaftlichen Kräften ist ungleich komplizierter, als dass sie in einer einzelnen Erzählung verändert werden könnte. Die vier dominantesten Schemata postmoderner Politik – Ressentiment, Political Correctness, Moral und Ökonomie – werden darum im letzten Teil des Essays ausführlich untersucht. Ihre Funktion in den populistischen und populismuskritischen Erzählungen ist nur verständlich, wenn die Interessen in ihrer Struktur erkannt werden.

Das Medium der öffentlichen Meinung erlaubt die Verwendung von Schemata, ihre Verschiebung zu eigenen Interessen und zugleich deren Beobachtung. Aufgrund der besonderen Eigenschaften der Beobachtung zweiter Ordnung werden eben nicht eindeutige Tatsachen verhandelt und die Kommunikation dient gerade nicht der Urteilsfindung für objektive Sachverhalte, sondern die besondere Konsequenz ist, dass jede Behauptung in eine Rivalität mit allen anderen tritt. Das Medium dient also nicht dem Finden einer objektiv besten Lösung, sondern es dient dem „Offenhalten der Zukunft für Entscheidungslagen mit neuen Gelegenheiten und neuen Beschränkungen".[2] Das Ziel der Kommunikation innerhalb der öffentlichen Meinung ist nicht ein endgültiges Resultat, sondern die robuste Öffnung aller Prozesse für immer neue Probleme und Lösungsvorschläge. Die öffentliche Meinung ist der entscheidende Fortschritt im Kommunikationsverhalten, der die modernen bürgerlichen Demokratien überhaupt möglich gemacht hat.[3] Seine strategischen Mittel sind die Verwendung von Schemata in Legitimationserzählungen und eine besondere Form hierbei ist die populistische Anrufung.

Die Kommunikation der Klassen und Schichten

Die öffentliche Meinung hat, wenn man sie als ein solches Medium versteht, eine deutliche Wesensverwandtschaft mit dem liberalen Sprechen. Sie ist der Ausdruck für eine Kommunikationsform, die die Entscheidung so lange wie möglich aufhält, und reproduziert das Vertrauen in die Wahrheit des „herrschaftsfreien Diskurses" oder die „Gewalt des besseren Arguments". Damit eröffnet sie einen gesellschaftlichen Raum, in dem der Austausch möglichst vieler Meinungen erlaubt wird und möglichst viele Informationen in die Entscheidung einfließen können. Aus der robusten Öffnung der liberalen öffentlichen Meinung folgt ihre besondere Eigenart des Entscheidungsaufschubs. Je länger der Meinungsaustausch dauert, desto unbestimmter wird die Entscheidung. In den deliberativen Demokratien scheint es bisweilen zu einer Deckungsgleichheit von Politik und liberaler Kommunikationsform gekommen zu sein, die dann zu dem Eindruck führt, dass nichts entschieden wird und die Politiker orientierungslos sind. Dieser Eindruck ist der Nährboden für den aggressiven Reflex des Populismus.

Um diese Reaktion konkreter begreifen zu können, muss zur demokratischen Paradoxie von Mehrheitsmacht und Minderheitenrechten eine zweite Unterscheidung hinzugedacht werden. Die demokratische Paradoxie spiegelt sich in der Struktur der öffentlichen Meinung, in der die liberalen Kommunikationsformen mit den populistischen Anrufungen konkurrieren. Quer zu diesem Konflikt steht die soziale Unterscheidung ihrer Mitglieder in Klassen. Betrachtet man die Struktur postmoderner Gesellschaften nicht nur identitätspolitisch als Patchwork von ausdifferenzierten Subjekten und Milieus, sondern auch als Ausdruck ökonomischer Verhältnisse, dann lassen sich auch die diversifiziertesten Gesellschaften noch in die zwei entgegengesetzten Klassen der Kapitaleigentümer, die von den Profiten des Kapitals leben, und die Klasse derjenigen, die von ihrer Arbeitskraft leben, unterscheiden. Auch wenn man diese zwei Klassen nicht marxistisch begreifen will, so räumt selbst Niklas Luhmann, der keinerlei Nähe zum Sozialismus hat, ein, dass es auch heute noch Klassen gibt. Der Begriff der sozialen Klasse „trifft sachlich durchaus zu, denn es gibt das Phänomen, das er bezeichnet: die gebündelte Ungleichverteilung. Insofern kann die Klassentheorie widerlegungssicher auftreten. [Denn] natürlich ist der Gegenstand dieses Begriffs, die Bündelung von Ungleichverteilungen, […] nicht verschwunden. Der Begriff ist nicht obsolet."[4]

Luhmann verbindet hier die marxistische Unterscheidung in zwei Klassen mit dem Schichtenmodell, wonach die moderne Gesellschaft in mindestens drei soziale Schichten eingeteilt wird, die je nach politischem Interesse und soziologischem Differenzierungswillen weiter unterteilt werden können. Das Dahrendorfhäuschen weist dann z. B. schon sieben Schichten auf, die durch immer neue Unterscheidungen ausdifferenziert werden können. Das zugrunde liegende Modell der drei Schichten hat für unseren Zusammenhang die politisch größte Erklärungskraft, da es sich mit den zwei ökonomischen Klassen verbinden lässt.

Diese drei Schichten unterteilen sich in die Schicht der eigentlichen Kapitalisten, die breite Schicht des Bürgertums und die Schicht der prekären Existenzen. Die Kapitalisten sind als Schicht am einfachsten zu bestimmen, wenngleich sie soziologisch am wenigsten erforscht sind. Es handelt sich um die wachsende Zahl derjenigen, die durch ein ausreichend großes Kapital von jeder Teilnahme am Arbeitsleben freigestellt sind.

Die untere Schicht ist dagegen präzise vermessen, da jeder Mensch, der staatliche Transferleistungen erhält, detaillierte Auskunft über sein spärliches Eigentum geben muss. So weiß man, dass die prekären Existenzen in Deutschland heute vierzig Prozent der Bevölkerung ausmachen. Diese Schicht verfügt über keinerlei Eigentum und ist aufgrund seiner Arbeitsverhältnisse auch nicht in der Lage, ein solches zu erwerben.

Die größte Herausforderung für das Schichtenmodell ist das Bürgertum. Hier vermischen sich Lebensweisen, die ebenfalls über keinerlei Vermögen verfügen, mit denen der intellektuellen Eliten, die im Laufe ihres Arbeitslebens Eigentum ansparen können. Beiden ist jedoch gemein, dass sie eher die Interessen des Kapitals vertreten als diejenigen der Eigentumslosen. Diese Kollaboration des Bürgertums mit dem Kapital war schon für Marx ein Rätsel.

Seine Erklärung bedient sich des Hegelschen Modells von Herrschaft und Knechtschaft, dessen Widerspruch sich im modernen Bourgeois ins Subjekt verlagert hat. Der Besitzbürger ist Herr, da er über ein Kapital verfügt, das symbolisch oder ökonomisch sein mag, und er ist Knecht, da er für eben dieses Kapital arbeiten muss, um es zu bewahren oder zu vermehren. Dieser Grundwiderspruch bildet die besondere Daseinsform, aus der das liberale Menschen- und Weltbild entstanden ist. Seine Anpassungsfähigkeit an die Interessen des Kapitals erklärt sich dadurch ebenso wie seine robuste Abwehr der prekären Klasseninteressen. Der Bourgeois kämpft immer auch gegen seinen eigenen inneren Knecht, wenn er die Ansprüche der unteren Klasse bekämpft, und er dient immer seinem eigenen inneren Herrn, wenn er dem Kapital dient.

Der Besitzbürger ist der perfekte Kollaborateur und brutalste Unterdrücker, da er beide Seiten in sich selbst findet. Die Lüge, zu der sein Selbstbild den Widerspruch aufgehoben hat, ist dabei permanenter Antrieb zur Selbststeigerung. In der Spätmoderne haben sich die bürgerlichen Widersprüche, die einst als Entfremdung und Schizophrenie kritisierbar waren, zu der harmlos klingenden Wahrheit, dass wir alle Theater spielen, verklärt. Aus der leidvollen Entfremdung ist das konsequenzlose Spiel der Ambivalenzen geworden, und die Schizophrenie, die an den Widersprüchen irre wird, hat sich ins dezentrierte Subjekt verwandelt.

Die Doppelmoral der bürgerlichen Schicht hat sich heute so weit gesteigert, dass gerade sie die Unterscheidung in

Klassen vollständig ablehnt. Zugespitzt formuliert, hat sich die bürgerliche Schicht aus dem marxistischen Vorwurf des Klassenverrats dadurch befreit, dass sie die Realität eines Klassengegensatzes kategorisch leugnet. Um diese Ignoranz sich selbst und der öffentlichen Meinung gegenüber plausibel zu machen, hat sie zahlreiche Anstrengungen unternommen, die heute unter der Überschrift der Postmoderne zur herrschenden Ideologie geworden sind. Die Eigenarten dieser neuen Hegemonie werden uns noch ausführlich beschäftigen, da sie das Material bereitstellen, das den gegenwärtig wirkungsvollsten Populismus ermöglicht.

Festzuhalten bleibt an dieser Stelle, dass die drei Unterscheidungen in demokratische und liberale Kommunikation, in Kapitalisten und Ausgebeutete sowie in die drei Schichten von Kapitalisten, Bürgern und Prekariat die öffentliche Meinung in immer wieder neue Fronten und Schemata strukturieren. Bei diesen Verschiebungen haben der Populismus und der Vorwurf des Populismus in den letzten Jahren eine wichtige Funktion übernommen. Um besser verstehen zu können, welche Absichten mit dem Vorwurf wie mit der Verwendung der populistischen Kommunikation verbunden werden können, muss seine Funktionsweise noch genauer betrachtet werden.

Die Kommunikation des Populismus

Die Luhmannsche Systemtheorie begreift Kommunikation als ein Verhältnis zwischen drei Instanzen. Es gibt eine Information. Es gibt die Mitteilung einer Information und es gibt das Verstehen der Mitteilung einer Information. Mit Information ist eine Unterscheidung gemeint, die für den Verstehenden einen Unterschied macht. Mit der Mitteilung ist der gesamte Komplex gemeint, der erforderlich ist, damit ein Alter Ego die von Ego gemachte Unterscheidung verstehen kann. Und mit dem Verstehen schließlich ist gemeint, dass Alter Ego zwei Unterscheidungen zugleich nachvollzieht: Er versteht, dass Ego ihm diese *Information* mitgeteilt hat, und er versteht, dass diese Information eine *Mitteilung* von Ego ist. Erst wenn diese beiden Prozesse durchlaufen sind, kann Alter Ego die Unterscheidung, die in der Information liegt, verstehen. Kommunikation ist für die Systemtheorie also kein einfaches Verhältnis von Sender und Empfänger und auch keine unendliche Verschiebung des Sinns in einer Différance, sondern ein verstehbarer Prozess zwischen zwei Instanzen, bei der keine der beiden Seiten die Kontrolle über die drei Seiten der Kommunikation hat.

Wer z. B. mitteilen möchte, dass er Angst vor der Zukunft hat, der kann diese Information auch dadurch mitteilen, dass er sich hasserfüllt über die neuen, fremden Nachbarn in seiner Nachbarschaft äußert. Ein Beobachter kann nun die Mitteilung verstehen, ohne die darin mitgeteilte Information verstehen zu müssen. Dann erkennt er einen hasserfüllten Menschen, dem er mit Abscheu entgegentritt. Versteht er hingegen die mitgeteilte Information, so erkennt er einen ängstlichen Menschen, dessen Mitteilungsvermögen vielleicht durch die Angst beeinträchtigt ist.

Die doppelte Kontingenz von Information und Mitteilung stellt die Herausforderung und Möglichkeit der Kommunikation dar. Zugleich war die unhintergehbare Freiheit von Kommunikation immer auch ein Ärgernis für diejenigen gesellschaftlichen Kräfte, die ihre Macht ausüben wollten. So gibt es eine lange Tradition von Versuchen, die doppelte Kontingenz einzuschränken. Das rhetorisch geschulte Sprechen hat ebenso wie der alltägliche Sprachgebrauch immer neue Versuche unternommen, um die Kommunikation berechenbarer und damit wirkungsvoller zu machen. Alle Techniken der Persuasion, der Scholastik, des Pathos oder der Manipulation sind Versuche, die doppelte Kontingenz in eine Richtung zu beeinflussen. Was Kommunikation aber zu einem so tauglichen Medium für die Gesellschaft macht, ist gerade ihre Eigenschaft, sich nur sehr schwer kontrollieren zu lassen. Kommunikation produziert aufgrund ihrer doppelten Kontingenz immer eine Offenheit der Entscheidung und damit eine Freiheit der an ihr Beteiligten.

Die persuasiven Strategien versuchen, für ihre Position einen Vorteil dadurch zu erzielen, dass sie die Wahlmöglichkeit beim Verstehen einschränken. Sie grenzen die kommunikative Kontingenz dahingehend ein, dass die Wertungen, die bei der Mitteilung einer Information gemacht werden, eher angenommen als abgelehnt werden.

Jede Information beruht auf einer Unterscheidung, bei der die eine Seite der Unterscheidung anders bewertet wird als die andere. Wer z. B. von Flüchtenden spricht, der unterscheidet sie von Einheimischen oder von Wirtschaftsflüchtlingen. Dem Flüchtenden wird dann im Gegensatz zum Wirtschaftsflüchtling ein größeres Maß an Verständnis und Hilfe zuteil. Wird er hingegen vom Einheimischen unterschieden, so ist jede Hilfe immer auch eine Beschneidung der angestammten Rechte. Die Information, die im Wort „Flüchtender" enthalten ist, ist also nicht ohne Wertung, und der Sprechende versucht, in der Mitteilung der Information seine Wertung zum Teil des Verstehens zu machen. Er versucht, die doppelte Kontingenz dahingehend einzuschränken, dass nur noch seine Unterscheidung mit seiner Wertung verstanden werden kann. Er macht also aus einer Unterscheidung, die prinzipiell offen ist für das Verstehen, eine Entscheidung, der man zustimmen soll oder die man aktiv ablehnen muss.

Wenn Kommunikation ihre doppelte Kontingenz zur Entscheidung reduziert, so wird aus ihr eine Handlung. Nun hat Alter Ego nicht mehr die Freiheit, die mitgeteilte Information zu verstehen, sondern er wird in die Position gebracht, über eine Handlung von Ego zu urteilen. Eine Handlung ist also eine bestimmte Art der Kommunikation, bei der nicht das Verstehen, sondern eine Entscheidung kommuniziert wird.

Politische Kommunikation ist immer handlungslastig, da sie weniger die Freiheit des Verstehens als die Durchsetzung von Interessen verfolgt. Populistische Kommunikation ist eine besondere Ausprägung von handlungslastiger Kommunikation. Populistische Kommunikation bringt die Entscheidung in die Form eines Antagonismus, dessen Wertung vom Redenden vorgeprägt wird und dessen Wahlmöglichkeit darum eingeschränkt ist. Wenn, um bei dem Beispiel der Flüchtenden zu bleiben, zuerst viele Merkmale von Flüchtenden aufgezählt werden, die sie als gefährliche und egoistische Menschen zeigen, und danach die Einbußen für die Einheimischen aufgeführt werden, ist die Unterscheidung so präfiguriert, dass die Entscheidung für die Einheimischen und gegen die Flüchtenden allgemeine Zustimmung erfährt.

Die populistische Rede verwendet viele Strategien für die Begründung der Unterscheidung. Sie greift dabei auf verschiedene Techniken der Persuasion zurück, indem sie den unterstellten Gemeinsinn der Zuhörenden aktiviert, um eine gleichgesinnte Menge zu formen. Zugleich bietet sie eine Orientierung, indem sie die Wertung, die jeder Unterscheidung eigen ist, deutlich macht. Sie spricht immer offen parteiisch und widerspricht damit einer Regel der öffentlichen Meinung, die im Verlauf ihrer bürgerlichen Entwicklung immer wichtiger wurde.

Wie oben gezeigt, müssen sich alle Äußerungen im Medium der öffentlichen Meinung der Beobachtung zweiter Ordnung aussetzen. Das hat zur Folge, dass eine der wirkungsvollsten Strategien darin besteht, den Eindruck zu erzeugen, „daß der Kommunikation an sachlicher Orientierung gelegen ist".[5] Wer seine Meinung erfolgreich durchsetzen will, muss also gerade die Wertung, die seiner Meinung zugrunde liegt, möglichst gut verstecken.

Die Folgen für das öffentliche Reden sind in unserer Zeit der Postdemokratie als lähmende Wirkung zu beobachten. Im Bemühen, dem Motivverdacht zu entgehen, werden die politischen Interessen vollständig getarnt. Schon in ihrer bürgerlichen Form hatte die öffentliche Meinung eine Tendenz zur sachlichen Überredung, der kein parteiliches Interesse mehr anzumerken ist. Man sprach dann von der „Gewalt des besseren Arguments". Im Zeitalter der Postdemokratie ist diese Tendenz zur absoluten Voraussetzung für jedes öffentliche Sprechen geworden. Wer hier erfolgreich sein will, der muss seine Meinung hinter Sachlichkeit verstecken und er darf vor allem sein Bemühen darum nicht erkennen lassen. Die Tendenz der bürgerlichen Öffentlichkeit zu vernünftigen Argumenten hat eine politische Kommunikationsweise provoziert, die besonders viele Techniken zur Verschleierung der Interessen erfindet. Die Behauptung von Alternativlosigkeit ist nur eine der Zuspitzungen, die ein solches Sprechen, das seine Parteilichkeit tarnen will, annehmen kann.

Vor diesem Hintergrund sind die populistischen Techniken der offensiven Zurschaustellung der eigenen Parteilichkeit und der Verwendung von Zuspitzungen, um für diese Meinung Zustimmung zu erwirken, der größtmögliche Affront für die liberale öffentliche Meinung. Zum einen reagiert der Populismus damit wie ein Überdruckventil auf die immer perfekter verdrängten Interessenkonflikte, die hinter den sachlichen Argumenten verborgen sind, und zum anderen stellt er die Strategie der sachlichen Überredung bloß, indem er zeigt, dass innerhalb der öffentlichen Meinung auch diese Technik nur eine raffinierte Spielart des politischen Sprechens ist.

Populismusvorwürfe

In den aktuellen politischen Auseinandersetzungen ist nicht nur eine Zunahme populistischer Techniken zu beobachten, sondern auch ein deutliches Anwachsen von Vorwürfen, etwas sei populistisch. Der inflationäre Populismusvorwurf ist ein Symptom für eine erschrockene liberale Öffentlichkeit, deren sachbezogenes Sprechen stark in Bedrängnis geraten ist und die ihre hegemoniale Position gefährdet sieht. Das liberale Bürgertum muss erkennen, dass es nicht mehr die Rolle des Gesellschaftskritikers hat, der mehr Freiheiten fordert und damit auf der Seite der Guten steht, sondern es muss anerkennen, dass es nun selbst an den Hebeln der Macht sitzt und darum kritisierbar ist. Aufgrund seiner Geschichte als aufklärerische Kraft erscheint dem Bürgertum jede Kritik an seinem Weltbild wie Majestätsbeleidigung und es reagiert darauf mit dem Vorwurf, dass es sich dabei nur um reaktionäre bis faschistische Impulse handeln kann.

Folgt man hingegen der Beobachtung, dass es eine mehr als nur zufällige Verbindung von bürgerlichem Liberalismus und ökonomischem Neoliberalismus gibt, könnte das Erstarken einer Kritik am Liberalismus auch völlig andere Ursachen haben. Ob die liberale Hegemonie mit dem Kapital bewusst kollaboriert, es ihr passiert ist oder sie noch immer der Illusion anhängt, dagegen zu kämpfen, sei dahingestellt. In jedem Fall ist sie aufgeschreckt und greift zu ihrer Verteidigung immer öfter auf den Populismusvorwurf zurück.

Diese Strategie liegt aus der Sicht der liberalen Hegemonie nahe, da sie damit das Paradox der Demokratie, das hinter den zwei Varianten des öffentlichen Sprechens liegt, zu ihren Gunsten aktivieren kann. Das erklärende und sachbezogene Sprechen des Liberalismus macht sich zum Verteidiger der individuellen Freiheiten, die vor der Gewalt des Demos geschützt werden müssen. Aus der Sicht des liberalen Sprechens ist der Populismus also weder eine weitere Variante im Medium der öffentlichen Meinung noch eine Kritik an den Verschleierungstechniken des Liberalismus, sondern er ist eine Gefahr, weil sich das unbeherrschbare Volk mithilfe einer antiliberalen Kommunikation zu einer gemeinsamen Kraft zusammenfindet.

Der Liberalismus hat sich das Paradox der Demokratie so ausgelegt, dass er darin selbst nicht als Partei, sondern als Stimme der Vernunft auftritt, die berechtigt ist, jede Opposition moralisch zu kritisieren. Diese besondere Entparadoxierung durch den Liberalismus ist das Geheimnis seiner aktuellen Meinungsführerschaft. Bisher war die öffentliche Meinung durch das paradoxe Aufeinandertreffen zweier gegensätzlicher Kommunikationsformen das wichtigste demokratische Medium, da es die Offenheit der Auseinandersetzung so lange sicherstellte, bis es zu einer Mehrheitsentscheidung kam. Durch die besondere Aufhebung dieses Paradoxes im Liberalismus wird die vorherige Offenheit zum ideologischen Inhalt der einen Seite der Paradoxie. Dass alles entscheidungsoffen besprochen wird, ist nun politischer Wille des Liberalismus, der genau diese abstrakte Offenheit zum Wesen seiner Weltanschauung erklärt. Nur mit einer solchen Verdrehung ist die undemokratische Frage überhaupt stellbar, was denn passiert, wenn die Falschen gewinnen. Der undemokratisch gewordene Liberalismus macht sich damit zum Verteidiger einer offenen Gesellschaft, die ihre Offenheit über die Macht des Volkes stellt. Die Verdrehung aller Begriffe und Schemata, die daraus vor allem für die Bereiche der Freiheit und der Solidarität folgen, werden in der neoliberalen Ideologie zu konkreten Techniken der Ungleichheit. Denn wenn politisch immer weniger entschieden werden kann, entscheidet am Ende immer häufiger der Markt.

Zwei historische Phasen des Populismus

In den USA gründete sich in der zweiten Hälfte des 19. Jahrhunderts die People's Party, in der sich verarmte Bauern zusammenschlossen, die durch den Bau der Eisenbahn und die entstehende Finanzindustrie immer radikaler um ihren Erwerb gebracht wurden. Ihre Vorschläge lesen sich aus heutiger Sicht wie moderate Schritte hin zu einer etwas gerechteren Gesellschaft. So sollte eine Einkommensteuer eingeführt und das Zinsmonopol der Banken durch ein anderes Währungssystem aufgebrochen werden. Für die damaligen Eliten kam dieser Populismus aber dem Aufruf zur Revolution gleich. Sie fürchteten die Entmachtung der Banken und eine Kontrolle des Finanzkapitals.[6] Die Erfolge, die die People's Party erringen konnte, sind hingegen wesentlich für die Sozialdemokratisierung des Raubtierkapitalismus in den USA, und ihre Popularität begann erst zu schwinden, als die schlimmsten Exzesse eingedämmt waren.

Die russischen Narodniki verfolgten eine ähnliche Strategie, wenngleich ihr Feind die zaristische Herrschaft war und ihre Erfolge erst eintreten konnten, als sie sich mit der leninistischen Partei zur Revolution verbunden hatten. Beiden historischen Populismen ist gemeinsam, dass sie einer prekären Gruppe in der Gesellschaft zu einer gemeinsamen Stimme verhelfen konnten. Dabei verwenden sie die Unterscheidung zwischen einem Wir, dem es schlecht geht, und einem Anderen, der hierfür die Ursache ist.

Bei der People's Party bestand das Wir überwiegend aus ländlichen Kleinproduzenten und nicht aus dem Industrieproletariat, worin sie sich von sozialistischen Bewegungen unterschied. Der Grund für die Popularität des US-amerikanischen Populismus lag in der Unterscheidung zwischen einer Gemeinschaft, deren Mitglieder als Einheimische ein Recht darauf erworben haben, von der gesamten Gesellschaft im Kampf gegen die Kräfte, die ihr Leben beeinträchtigen, unterstützt zu werden. Das Wir gründet sich auf dem Anspruch der Bevölkerung, die einem Fremden, in diesem Fall den Banken, entgegengesetzt wird. Die Grundlage dieser historischen Epoche des Populismus ist also: „Es gibt einen Feind des Volkes. Wo er aber steht und welche Gestalt er annimmt, ist nur situativ und relational bestimmbar."[7]

Je wissenschaftlicher die damaligen Eliten die Enteignung der Landbevölkerung durch die Finanzpolitik rechtfertigten, desto mehr wurde die populistische Seite gezwungen, ihren Kampf mit irrationalen Gedanken zu verstärken. So griffen sie zum Teil auf die Bibel zurück und betonten immer mehr die Opposition zwischen ihren amerikanischen Wurzeln, die auf den protestantischen Werten von Fleiß und Sparsamkeit beruhten, und dem feudalen System der Banken. Die wechselseitige Aufrüstung der Argumente ist schon hier gut zu beobachten. Je sachlicher die einen ihre Politik der Umverteilung begründen, desto emotionaler, nationaler oder gar rassistischer wird die andere Seite, die sich gegen die Vernunft eines ungerechten Systems nicht anders zu wehren weiß.

Populismus ist in seiner Geburtsstunde die Revolte derjenigen, die vom herrschenden Diskurs ausgeschlossen sind, und in Abwandlung eines berühmten Zitats könnte man sagen, dass der Populismus dieser Zeit der Marxismus der Farmer war. Der entscheidende Unterschied, warum es sich dabei eben um keinen echten Marxismus handelt, besteht darin, dass die populistische Zuspitzung zwischen Wir und Sie, da sie nicht aus der Analyse der Klassenverhältnisse folgt, auf oberflächliche Differenzen hereinfällt. Die Anderen werden z. B. durch ihr Aussehen, ihren Wohnort oder ihre Religion als Gruppe identifiziert. Eine solche Identitätszuschreibung ist nicht nur rassistisch, sie verfehlt auch die Ursachen, warum die eine Seite als Ausbeuter und Unterdrücker auftreten kann. Die Ausbeuter sind nicht in der Situation, ausbeuten zu können, weil sie einer bestimmten Religion oder Nation angehören, sie sind Ausbeuter, weil sie über Kapital verfügen, das ihnen im Kapitalismus als Waffe dient, andere Menschen unterdrücken zu können. Solange der Populismus diesen grundlegenden Widerspruch nicht akzeptiert und stattdessen immer neue Wir/Sie-Gegensätze findet, die aus

Vorurteilen und Fremdenfeindlichkeit resultieren, ist er mit dem rechten Denken verbunden.

Der populistische Moment liegt in der historischen Situation, wo die eine gesellschaftliche Kraft über die Macht verfügt, der anderen Seite ihre Regeln aufzwingen zu können. Die Macht besteht in einem Dispositiv, was bedeutet, dass hier moralische Vorstellungen, die gültigen Gesetze und die Begründungsdiskurse denselben Interessen dienen. Wenn das Zusammenspiel aller relevanten gesellschaftlichen Kräfte zu einer gemeinsamen Macht führt, ist Opposition nur noch möglich, wenn sie es schafft, die Spielregeln zu ändern. Je umfassender die Macht alle Kräfte vereinnahmen kann, desto radikaler muss die Revolte diese Vereinnahmung durchbrechen.

Der populistische Moment in den USA des 19. Jahrhunderts lag in der Ungleichzeitigkeit zwischen den neuen Machtmitteln einer Finanzindustrie, der Industrialisierung und der traditionellen Landwirtschaft. Die Produktionsverhältnisse der Sektoren entwickelten sich in sehr unterschiedlichen Geschwindigkeiten, so dass der Widerspruch zwischen den landwirtschaftlich erarbeiteten Gewinnen, den Monopolpreisen der Eisenbahn und dem in der Finanzindustrie erzeugten Kapital immer größer wurde. Die wachsende Ungleichheit stellte für die Seite der Gewinner naturgemäß kein Problem dar, sondern war vom Wirtschaftssystem des Kapitalismus und seinen Gesetzen beabsichtigt.

Worauf sollte sich ein Widerstand gegen ein Dispositiv gründen, das alltäglich die Erfahrung von Ungleichheit produziert und sich zugleich als herrschende Macht unangreifbar gemacht hat, wenn nicht auf genau diese alltägliche Erfahrung des Unrechts? Ausgehend von der konkreten Lebenserfahrung formulierte sich ein politisches Sprechen, das mit der

Zuspitzung des Konflikts zwischen den Armen und den Reichen die Ursachen emotional zutreffend benennt, ohne die tatsächlichen Gründe erkennen zu können. So sind die populistischen Bewegungen in den USA und die aufkommenden sozialistischen Parteien in Europa zwar von derselben Ohnmacht gegenüber einem System getrieben, doch in ihrer Argumentation unterschiedlich entwickelt.

Die zweite Phase des Populismus, die unsere Gegenwart bestimmt, ist von daher ungleich komplizierter. Die bürgerliche Schicht hat mit dem liberalen Diskurs die Paradoxie im Medium der öffentlichen Meinung zu ihren Gunsten genutzt, was dazu geführt hat, dass öffentliches Sprechen heute immer meint, in den Kommunikationsformen des Liberalismus zu sprechen. Damit sind alle politischen Meinungen blockiert, die ein anderes Weltbild als den bürgerlichen Liberalismus haben. Die kürzeste Formel, mit der alle systemkritischen Aussagen verhindert werden, ist die pragmatische Behauptung: „Das ist nicht durchführbar!" Auf der Ebene der kommunikativen Formen wiederholt sich diese Blockade, indem alle Sprechakte, die sich dem liberalen Ton verweigern, als populistisch abgewertet werden. Hinter dieser doppelten Abwehr liegt das hegemoniale Dispositiv versteckt, mit dem sich die Macht heute verteidigt.

Dieses Dispositiv nenne ich den liberalen Populismus, da er die Eigenart des öffentlichen Sprechens so für sich nutzt, dass es den dadurch hervorgebrachten Common Sense permanent bestätigt. Der Liberalismus wirkt für die Mitglieder der Mittelschicht so vertraut, dass er wie der Boden für den US-Farmer des 19. Jahrhunderts eine Heimat bedeutet, die es mit allen Mitteln zu bewahren gilt. Das liberale Sprechen bringt einen Populismus hervor, bei dem die Resonanz nicht im Gemeinschaftlichen liegt, sondern im Individuum.

Der liberale Populismus nutzt alle Techniken der Subjektivierung, um die politischen Interessen derjenigen Teile in der Gesellschaft durchzusetzen, die über Eigentum verfügen. Dass eine solche Politik in der aktuellen Epoche des Neoliberalismus zusehends die Interessen einer Ökonomie vertritt, die sich immer weiter von den menschlichen Bedürfnissen entfernt und dem abstrakten „Mehr!" des Kapitals unterwirft, stellt das zentrale Problem des liberalen Populismus dar. Seine freiwillig-unfreiwillige Kollaboration mit den menschenfeindlichen Interessen des Kapitals bildet die wachsende Herausforderung für die liberale Politik.

Die Reaktionen derjenigen gesellschaftlichen Kräfte, die von diesem Spiel ausgeschlossen sind oder es in seiner falschen Entwicklung erkannt haben, greifen bis heute auf die veralteten Formen des Populismus zurück. Ihre Anrufungen des Volkes zur Verteidigung gegen eine anonyme Verschwörung greifen ebenso zu kurz wie die Zurechnung der Ungleichheit auf einzelne böse Menschen, die sich bereichern. Es ist nicht falsch, festzustellen, dass es konkrete Gewinner der Ungleichheit gibt. Und es ist auch nicht unmöglich, diese namentlich festzumachen. Doch es ist ein Irrtum zu glauben, damit schon etwas an der Ungleichheit verändert zu haben.

Das Hauptproblem des alten Populismus beim Kampf gegen den liberalen Populismus ist ihre unterschiedliche Art der Grenzziehung. Der einfachen Wir/Sie-Unterscheidung des alten Populismus steht die paradoxe Grenze des liberalen Populismus gegenüber. Die Paradoxie besteht darin, dass eine solche Grenze von niemandem mehr behauptet werden muss, da sie von jedem Einzelnen, der im Kapitalismus leben muss, reproduziert wird. Nur wer einen Wert für den Arbeitsmarkt hat, kann die Grenze zur Erwerbstätigkeit überschreiten, nur wer Geld hat, kann die Grenze zum Konsum übertreten. Der Vorteil einer solchen Grenze gegenüber der altmodischen Wir/Sie-Grenze ist offensichtlich. Sie hat keine erkennbare Autorität, die man direkt angreifen könnte, sie regelt sich kybernetisch nach Angebot und Nachfrage und sie ist als Grenze nicht angreifbar, da jeder sie selbst hervorbringt und sein eigener Grenzwächter ist.

Die einfache Zuspitzung Volk gegen Elite oder arm gegen reich ist nicht falsch, aber sie entfaltet in einer offenen Gesellschaft zu wenig Wirkung, da der liberale Populismus jede Zuspitzung in die Schemata seiner Paradoxien auflöst. Das oberflächlichste Phänomen dieser Virtuosität besteht darin, jede Empörung in der allgemeinen Erregbarkeit der öffentlichen Meinung untergehen zu lassen.

Die Antagonismen unserer Zeit bestehen in einer liberalen Gesellschaft in einer doppelten Ausfertigung: Der Gegensatz von Kapital und Arbeit wird von einer Welterklärung, die die Gesellschaft als Sammlung atomisierter, dezentrierter Subjekte behauptet, geleugnet. Der Gegensatz von Austeritätspolitikern und -kritikern wird von einem postpolitischen Regime dadurch verhindert, dass die Austerität als alternativlose Ökonomie festgeschrieben wird. Der Konflikt von Anhängern einer globalisierten Gesellschaft und Befürwortern einer geschützten Gesellschaft wird von dem Gegensatz zwischen Fortschrittsbefürwortern und Modernisierungsverlierern verzerrt.

Schon an diesen drei Beispielen ist die Tendenz zu erkennen, dass die zugrunde liegenden Widersprüche durch die darüber ausgebreiteten sekundären Narrative nicht nur versteckt werden, sondern dass dadurch auch die Forderungen der jeweils einen Seite berechtigter und moralisch besser erscheinen. Durch die Übermalungen des zweiten Narrativs werden Kapital, Austerität und Globalisierung gleichgesetzt mit liberalen Freiheiten, Vernunft und Fortschritt. Diese Verbindung des einen Widerspruchs mit einem anderen lässt den Antagonismus nicht mehr als einen politischen Konflikt erscheinen. Stattdessen wirkt er nun wie eine Entscheidung, die mit Moral und Vernunft getroffen werden kann und deren Ergebnis darum moralisch und vernünftig ist. Damit ist der Kern der postpolitischen Macht offengelegt. Aus politischen Antagonismen werden Differenzen, die vom Common Sense der liberalen Mittelschicht als immer schon im Sinne der Moral und Vernunft entschieden betrachtet werden müssen. Jeder, der gegen diese Entscheidungen revoltiert, gehört nicht zu dieser Schicht, und seine Meinung ist darum gefährlich für die Hegemonie. Der liberale Populismus ist die entfaltete Technik der postpolitischen Macht. Die Wirkung seiner Macht gründet sich vor allem darin, dass seine politische Haltung nicht mehr wie eine Entscheidung oder eine Ideologie wirkt, sondern wie die widerspruchslose Durchführung vernünftiger und moralischer Regeln. Die Erscheinungen des liberalen Populismus unterstützen die Postpolitik, indem sie ihr öffentliches Auftreten in den Stil der moderierenden Sachlichkeit bringen. Hier spricht keine Partei mehr, sondern die Vernunft. Hier werden keine Interessen vertreten, sondern die Komplexität des Problems wird verantwortungsvoll abgewogen. Populistisch zugespitzt: Nicht alles, was vernünftig klingt, ist auch gerecht; und nicht jeder Konflikt, der durch Angela Merkels Moderationston eingeschläfert wurde, ist danach auch verschwunden.

DER
RECHTSPOPULISMUS

Die Kritik der Moderne und ihre Sackgassen

Als die FPÖ 2000 an der österreichischen Regierung beteiligt
war, wurde in das bisherige politische Spektrum von links,
Mitte, rechts der neue Terminus des Rechtspopulismus eingeführt, der zwischen rechtsextrem und Mitte-rechts verortet
wurde. Damit versuchte man, das Problem zu lösen, dass nun
eine Partei rechts von Mitte-rechts Teil der Regierung geworden war und diese Partei nach der bisherigen Logik rechtsextrem hätte sein müssen. Die Regierungsbeteiligung einer
rechtsextremen Partei in Österreich hätte aber zu viel Unruhe
vor allem bei den europäischen Nachbarn gebracht und
außerdem konnte die FPÖ nicht eindeutig als rechtsextrem
verstanden werden. So wurde eine neue politische Richtung
erfunden, die ihrem Begriff nach eigentlich keine eigene Richtung hätte sein dürfen. Denn beim Populismus handelt es sich
nicht um eine eigene Ideologie, sondern um einen politischen
Stil oder eine Anrufungspraxis, die sich mit verschiedenen
Haltungen verbinden kann. Manche sprechen darum von
einer „dünnen Ideologie"[8].

   Die Bezeichnung „rechtspopulistisch" fügt dem bisherigen rechten Spektrum eine Neuigkeit hinzu, die weniger im

inhaltlichen oder weltanschaulichen Gehalt liegt als vielmehr in der Art, wie diese Politik sich öffentlich darstellt und damit Mehrheiten erringt. Seit 2000 nimmt die Zahl der rechtspopulistischen Parteien und Regierungen in Europa stetig zu. Bei allen Differenzen gibt es eine Gemeinsamkeit in Bezug auf die Traditionen der Modernekritik. Entstanden ist die Kritik an den Errungenschaften der modernen Gesellschaft nach dem Ersten Weltkrieg, als die Erfahrungen der Entfremdung und des Verlusts der bekannten Heimat kollektive Phänomene wurden. Doch schon bald zeigte sich darin die Tendenz, dass eine berechtigte Kritik aufgrund der prekären Lebensverhältnisse zu radikalen und fremdenfeindlichen Haltungen führen kann.

Martin Heideggers Kampf gegen das „Man" der Öffentlichkeit und das „Gestell" der Technik reiht sich hier ebenso ein wie Oswald Spenglers „Untergang des Abendlandes" oder Ernst Jüngers „Arbeiter" und sein „Titanisches Zeitalter". Die Modernekritik schwankt zwischen Bewunderung für das Neue und Trauer um den Verlust des Vertrauten. Sie sieht die ungeheuren Energien, die Kapitalismus und Wissenschaft freisetzen, und sie beobachtet, wie der entstehende Moloch den einzelnen Menschen verschlingen kann. Die Balance zwischen den sozialen Techniken der Regierung und den eruptiven Zerstörungswellen ist ihrer Meinung nach verloren gegangen, und während Teile des Faschismus ihr Heil in der totalitären Beschleunigung aller Techniken suchen, wollen andere Modernekritiker eine rückwärtsgewandte Utopie erreichen. Während die einen die individuelle Befreiung als grenzenlos ansehen, wollen die anderen an traditionellen Bindungen festhalten und halten den Schutz der Gemeinschaft für wichtiger als die Selbstverwirklichung des Einzelnen. Die Folgen sind bis heute bekannt und finden im Rechtspopulismus ihre erneute Gegenüberstellung: das Regionale gegen das Globale, persönliche Verantwortung gegen systemische Entscheidungen, der Alltagsverstand gegen das Expertenwissen. Der Rechtspopulismus behauptet sich auf der Seite der lebensweltlichen Erfahrung, die sich gegen die Entfremdung wehrt. Er nimmt darum für sich in Anspruch, die direkte Stimme des Volkes, der Wahrheit oder irgendeiner anderen wesentlichen Instanz zu sein. Die Modernekritik an der Entfremdung führt hier zu dem Kurzschluss, dass es eine Verbindung von Sprechendem und Realität geben könnte, die ohne Vermittlung auskommt. In dieser Sehnsucht kommen alle Verschmelzungsfantasien der deutschen Romantik zum Tragen und die Aufhebung des Volkes in seinem Führer kommt ohne jede Dialektik als einfache Brutalität daher. Je rauschhafter der Rechtspopulismus diese Vereinigung feiert, desto radikaler leugnet er die Vorteile der Aufklärung, die der Selbstermächtigung des Subjekts dienen. Seine Leitdifferenz bekannt/unbekannt organisiert eine Grenzziehung, auf deren Innenseite, dem Bekannten, der Alltag vor zahlreichen Irritationen bewahrt werden soll, während auf der Außenseite ein Fremdes wächst, das umso bedrohlicher erscheint, je unbekannter es ist.

Die rechte Unterscheidung von Wir und Sie

Alle Systeme ziehen Grenzen, um eine innere Welt von einer dadurch unterschiedenen Umwelt entwickeln zu können. Die Art der Grenze und ihrer Unterscheidung ist eine der wesentlichen Bedingungen der Evolution von biologischen Systemen. Ist die Grenze zu labil, so droht eine Diffusion mit der Umwelt, die zum Tod des Systems führen kann. Ist sie zu starr, so droht das System aufgrund von mangelndem Austausch mit seiner Umwelt zu sterben. Schaut man in die sozialen Systeme, so können sie aufgrund von mangelnder Irritation an Inzucht (Feudalismus), Vetternwirtschaft (mafiöse Strukturen) oder Dummheit (geschlossene Gemeinschaften) zugrunde gehen. Die Art der Grenzziehung und ihre Dynamik entscheiden über Leben und Tod eines Systems.

Aus diesem Grund entfesseln alle politischen Debatten, die sich mit der Frage der Grenzziehung befassen, eine immense Sprengkraft. Jeder Mensch weiß aufgrund seiner Biografie, wie elementar die Balance zwischen Schutz und Austausch ist. Wenn am Anfang der modernen Emanzipation z. B. die Forderung von Virginia Woolf steht, dass jede Frau einen eigenen Raum haben soll, so ist das nicht nur eine poetische Zuspitzung, sondern eine systemtheoretische Wahrheit. Nur wer einen eigenen Raum hat, kann sein Leben nach Regeln entwickeln, die aus ihm selbst entstehen.

Die Unterscheidung des Rechtspopulismus zwischen dem Bekannten und dem Unbekannten gründet sich also auf einer allgemeinen Wahrheit. Ihre politische Ausformulierung folgt jedoch einer Tendenz, die sich aus der Überbetonung genau dieser Unterscheidung für das politische Handeln ergibt. Wenn die Unterscheidung bekannt/unbekannt zur Leitdifferenz erhoben wird, so fallen ihr andere wesentliche Bereiche zum Opfer. Der Austausch, die gegenseitige Bereicherung, die Solidarität und alle Formen der Irritation werden damit begrenzt. Und damit wird die kategorische Fremdheit ausgeschlossen, die Niklas Luhmann so pointiert zusammengefasst hat: „You cannot see, what you cannot see." Wenn durch eine starre Systemgrenze das verhindert wird, wovon im Inneren noch niemand weiß, was es überhaupt sein kann, dann raubt eine solche Grenze dem System seine Zukunft. Denn Systeme brauchen Probleme, um ihre eigene Entwicklung vorantreiben zu können. Auf der anderen Seite droht jedoch auch der systemische Tod, wenn das Verhältnis zwischen den Problemen und der Kapazität der Problembewältigung aus der Balance gerät. Zu wenige und zu viele Probleme können das Leben zerstören. Die politischen Anschauungen übersetzen den alltäglichen Konflikt zwischen Komplexitätsreduktion und Auflösung in der Entropie in die spezifische Gestalt und Kommunikation der Grenze.

Der große Erfolg der starren Abgrenzung des Rechtspopulismus erklärt sich, wenn man ihn als Ausdruck für das gesellschaftliche Problem der Überforderung nimmt. Wer sich nach einer sicheren Heimat sehnt, der hat offensichtlich ein Übermaß an Unsicherheit zu ertragen. Und wessen Neugierde nicht mehr ausreicht, um das Unbekannte zumindest einmal betrachten zu wollen, dessen menschliche Ressourcen sind offenbar durch sein alltägliches Leben aufgebraucht. Die Antwort des Rechtspopulismus auf die Ermattung der Seele ist jedoch systemtheoretisch nur als erster Notverband zu verstehen. Wer sich im Stress nach Ruhe sehnt, dem sollte man diese ohne großen Verzug gewähren. Die Lösung kann jedoch nicht darin liegen, nur noch alleine in einer Berghütte zu leben.

Die Antwort des Rechtspopulismus auf die Erkenntnis, dass die Ausgrenzung des Unbekannten nur als momentane Lösung funktioniert, besteht hingegen darin, dass das Unbekannte noch weiter dämonisiert wird. Das Fremde ist nun nicht mehr nur eine Bedrohung für den innersystemischen Frieden, sondern es wird zur Ursache auch für die Probleme gemacht, die das System schon ohne das Unbekannte hatte. Das Unbekannte wird zum Sündenbock.

Der Sündenbock bietet eine willkommene Entlastung für die systemischen Probleme, da nicht mehr im Inneren nach Ursachen gesucht werden muss. Die Gestalt des Unbekannten ändert sich bei dieser Verschiebung grundlegend. War am Anfang das Unbekannte nur das, was als Störung ferngehalten werden sollte, so wird es als Sündenbock zum Teil der inneren Logik. Der Sündenbock ist das nach innen übersetzte Problem des Unbekannten. Die Opferung des Sündenbocks folgt insofern logisch aus dem Antagonismus zwischen dem Eigenen und dem Fremden, der sich als dauerhafte Lösung missversteht. Diese Zuspitzung verfehlt, je weiter die Entfremdung und damit die systemische Differenzierung fortschreiten, immer öfter ihr Ziel, doch scheint ihre magische Kraft, die aus der Wir/Sie-Unterscheidung folgt, davon unangetastet.

Die Wirkung der fast immer scheiternden Wir/Sie-Unterscheidung muss also anders erklärbar sein als durch ihre Ergebnisse. Will man nicht eine vorzivilisatorische Lust an der Sündenbockopferung als Conditio humana annehmen[9], so ist die Erklärung etwas komplizierter. Wie schon im ersten Kapitel angedeutet, verbindet sich die Wir/Sie-Unterscheidung mit dem Paradox der Demokratie, wo sie deutlich für die Seite des Volkes Partei ergreift. Insofern lohnt sich ein etwas genauerer Blick auf dieses Paradox, denn es bricht heute in Gestalt von zahlreichen Widersprüchen auf.

Das demokratische Paradox
als Gegensatz von rechtem und liberalem Populismus

Der soziale Zusammenhalt schwindet, der Abstand zwischen reich und arm ist so groß wie noch nie und die Macht der

Regierenden scheint für die Rufe der Armen so taub zu sein, wie sie ohnmächtig wirkt gegenüber der Herrschaft der Reichen. Die Grundfrage der liberalen Demokratie stellt sich mit neuer Dringlichkeit: Gilt das Recht des Demos, der durch Wahlen seiner Stimme die Kraft zur Regierung verleiht, oder gilt das Recht des Liberalismus, das den Staat durch Gesetze und unveräußerliche Rechte der Person und des Eigentums regiert?[10]

In der Geburtsstunde der westdeutschen Demokratie 1949 wurde ihr eine deutliche Tendenz zur Schwächung des Volkswillens und zur Stärkung der liberalen Rechte eingeschrieben. Die Erfahrung des Faschismus ließ, wollte man das deutsche Volk überhaupt wieder souverän werden lassen, keine andere Wahl. Der starke Liberalismus beschränkte sich jedoch nicht auf den Bereich der Menschenwürde, sondern hatte eine ebenso starke Tendenz zum ökonomischen Liberalismus. Deutschland wurde zum Musterschüler der Marktwirtschaft.[11]

Die Geschichte der neoliberalen Revolution ist inzwischen bekannt und doch ist die Schnelligkeit und Radikalität, mit der diese Ideologie global durchgesetzt wurde, noch immer ein Rätsel. Ihre theoretischen Anfänge liegen in den 1940er Jahren und ihre praktische Durchsetzung begann in den 1970er Jahren, als der Kapitalismus Auswege aus der Stagnation suchte, in die er durch Rohstoffkrisen und den Kalten Krieg geraten war. Der Neue Liberalismus versprach Rettung, indem er alle Sicherungen und Begrenzungen, denen sich der Kapitalismus bisher unterworfen hatte, abschaffen wollte, um im Wettbewerb der politischen Systeme bestehen zu können. In rascher Folge wurden nun alle Märkte von lästigen Regulierungen befreit, die Kosten für die Sozialsysteme reduziert und die Menschen wurden einem

Training zum Einzelkämpfer unterzogen, der sich auf niemanden mehr verlassen kann. Der Umbau fand auf allen gesellschaftlichen Ebenen statt und staatliche Regulierungen wurden im selben Maße abgebaut wie das Klassenbewusstsein, so dass heute wieder jeder alleine vor der enthemmten Macht des Kapitals steht.

Die Revolution ganzer Gesellschaften mit einer solchen dem Alltagsverstand radikal widersprechenden Ideologie bedurfte der Mithilfe eines Netzwerks von kollaborierenden Theorien und Weltanschauungen. Die Arbeit am neoliberalen Umbau teilten sich in der Hauptsache drei verschiedene Instanzen: Das biopolitische Regime erzieht die Menschen zu unsolidarischen Einzelkämpfern, deren Sorge um sich selbst alle anderen menschlichen Empfindungen überdeckt; die neoliberale Ökonomie formuliert die Forderungen an die Regierungen, welche Gesetze sie verändern und welche Regulierungen und Steuern sie abschaffen müssen, um im globalen Wettbewerb zu den Gewinnern zu gehören; und schließlich leistet die postmoderne Theorie die dafür notwendige Arbeit in der symbolischen Ordnung. Das komplexe Zusammenwirken dieses Dreiecks ist die Hegemonie unserer Zeit. Seine Folgen sind der alle Lebensbereiche durchdringende Effizienzdruck, der Glaube daran, dass nur Effizienz und Wachstum gut sind, und eine Kommunikationsform, die jede Kritik daran ausschließt.

Gegen diese Hegemonie stellt sich der rechte Populismus, der aus konkreten Sorgen um die eigene Existenz das Gefühl einer allgemeinen Bedrohung formt. Aus Opfern von kapitalistischer Ausbeutung werden z. B. besorgte Deutsche, die sich gegen Ausländer, EU-Bürokraten oder den Genderwahnsinn verteidigen müssen. Da man in der Analyse der Ursachen für die prekäre Lage ungenau ist, folgt daraus fast immer nur eine allgemeine Empörung. Der rechte Populismus befeuert die Ängste und versucht, sie dadurch für seine Zwecke zu instrumentalisieren. Eine Verbesserung der sozialen Lage ist dabei in den seltensten Fällen zu erwarten. Der Gewinn für das Volk besteht meistens nur darin, sich als eine besondere Gemeinschaft zu fühlen, die es den anderen schon zeigen wird, und seine Ängste sollen durch die irrationale Opferung des Sündenbocks überwunden werden.

Die ungenauen Zuspitzungen, mit denen der rechte Populismus versucht, die Lage zu erklären und die Empörung anzuheizen, üben zwar Kritik an der Ungleichheit, doch kehren sie die falschen Antagonismen hervor und kommen damit zu den falschen politischen Forderungen. Damit helfen sie vor allem der bestehenden Macht, die eben diese offensichtlichen Fehler dankend zur Kenntnis nimmt, um ihren neoliberalen Kurs unbeirrt weiterzuverfolgen. Die liberale Mitte kann sich vordergründig gegen den Nationalismus oder Rassismus des rechten Populismus wehren und erspart sich dadurch, die systemischen Gründe für den Protest anzuerkennen. Stattdessen erklärt sie, dass erstens alles gar nicht so schlimm ist und zweitens die prekäre Lage eine Folge der Globalisierung, Digitalisierung oder des allgemeinen Laufs der Welt ist.[12] Man kann also in keinem Fall etwas machen, es sei denn, man folgt den falschen Rezepten der Rechten.

Der rechte Protest macht der liberalen Politik das überraschende Geschenk, jede Kritik als latent faschistisch abwehren zu können. Als im Herbst 2016 z. B. ein Gewerkschafter wagte, die drohende Altersarmut anzusprechen, wurde er von der Bundeskanzlerin sofort ermahnt, damit aufzuhören, da er mit einer solchen Aussage nur der AfD helfen würde. Eine solche Verkehrung von Ursache und Wirkung scheint inzwischen zur Trickkiste der Regierungspolitik zu gehören. Nicht die drohende Altersarmut, die aus Gesetzesänderungen der CDU-Regierung folgt, ist in dieser Logik das Problem, sondern die Möglichkeit, dass verarmte Menschen sich rechten Parteien zuwenden könnten. Die letzte Verdrehung besteht im beginnenden Wahlkampf in der Aussage, man wolle sich nun doch um die Altersarmut kümmern, um das Thema nicht den Rechtspopulisten zu überlassen. Wer bedankt sich bei den Rechtspopulisten dafür, dass sie den regierenden Politikern solch einen Schrecken eingejagt haben, dass sie nun Dinge tun wollen, die bisher mit ihrer neoliberalen Ideologie nicht zu vereinbaren waren?

In allen Reaktionen versucht der liberale Populismus von der Dämonisierung des rechten Populismus zu profitieren. Man kann die realen Lebensbedingungen immer ungleicher machen und dann die revoltierenden Menschen moralisch einschüchtern, indem man sie vor den Rechtspopulisten warnt. Das System sorgt zwar dafür, dass aktuell vierzig Prozent der deutschen Bevölkerung über kein Eigentum verfügen, aber wer es wagt, gegen die Eigentümerlogik zu protestieren, wird aus dem Kreis der moralisch guten Menschen ausgeschlossen.

Der politische Spin macht sich dabei das Dispositiv des liberalen Sprechens zunutze. Jeder Widerspruch wird als Verständnisproblem behandelt und nicht als Folge von Ungleichheit. Das liberale Weltbild beharrt darauf, dass jede Lebenslage erträglicher wird, wenn man sie als notwendige Folge von unbeherrschbaren Zwängen erklärt bekommt. Damit wird vorausgesetzt, dass alle Menschen wie Besitzbürger leben, die durch die richtige Erklärung zur Einsicht in die Notwendigkeit kommen. Eine solche Logik lehnt jede

Behauptung ab, nach der es Lebensbedingungen gibt, die eine radikale Änderung verlangen und nicht eine bessere Begründung. Aus dem Diskurs des Liberalismus folgen die deliberativen Verfahren, deren Konsequenz darin besteht, jedes radikale Sprechen, das nicht in der Eigentümerlogik formuliert ist, entweder zu vereinnahmen oder auszuschließen.

Der Angriff des rechten Populismus auf die liberale Hegemonie ist untauglich, da das uralte Mittel des Sündenbocks zeigt, wie wenig sie die systemischen Bedingungen der jeweiligen Krise untersucht oder gar verstanden haben. Stattdessen werden auf der Klaviatur der Ängste und Feindseligkeiten immer neue Gruppen erfunden, die man für alles verantwortlich machen kann.

Der innere Widerspruch einer solchen rechten Politik, wie sie z. B. die AfD gerade propagiert, wird daran deutlich, dass einerseits die Sorgen der prekären Lebenslagen ernst genommen werden sollen, dass aber zugleich in den ökonomischen Zielen genau die Politik verschärft wird, die zu eben diesem Anwachsen des Prekären geführt hat. Ökonomisch wird weiterhin Konkurrenz und Deregulierung gepredigt, Entlastung soll auf wundersame Weise durch die Ausgrenzung der Fremden im Alltag wie im Markt kommen. Das befriedigt allein die Gewaltfantasien der einfachen Lösung, oder wie es Walter Benjamin schon 1935 auf den Punkt gebracht hat: Der Faschismus hat den Massen einen Ausdruck verschafft, aber nicht ihr Recht.

Der rechte Populismus schürt die diffusen Ängste und instrumentalisiert sie für ebenso unklare politische Ziele, während der liberale Populismus die Revolte gegen die Lebensbedingungen durch Erklärungen domestizieren will. Beide

Populismen leugnen die konkreten Ursachen der Angst, die aus sozialer Ausgrenzung folgt. Die einen leugnen sie, weil sonst ihre Wahrheit des alternativlosen Neoliberalismus zerstört würde, die anderen, weil die Gefühle besser hochkochen, wenn es weniger um konkrete Zusammenhänge als um unverständlich abgründige Ängste geht.

Protest gegen die Eliten und rechte Selbstverzauberung

> *Statt in einer Welt, die sich im Fluss befindet,*
>
> *Sicherheit und Stabilität zu bieten – besonders denen,*
>
> *die sich als Opfer dieser neuen globalisierten Welt fühlen –,*
>
> *gießen sie Öl in das Feuer der Veränderung. Die Eliten pflegen*
>
> *einen abschreckenden Anpassungs- und Veränderungsdiskurs.*
>
> *René Cuperus*[13]

Je prekärer die Lebensbedingungen werden und je gesetzloser zugleich das soziale Umfeld ist, desto perspektivloser erscheint immer mehr Menschen das eigene Leben. Wem täglich gepredigt wird, dass offene Grenzen den Wohlstand mehren, er aber in seiner Nachbarschaft z. B. einen stetigen Wechsel ausländischer Bewohner erlebt[14], zu denen keine soziale Bindung aufgebaut werden kann, für den ist Migration vor allem eine Zerstörung seiner Lebenswelt. Der wachsende Erfolg, mit dem sich der Rechtspopulismus gegen den Globalisierungsdiskurs auflehnt, beruht auf dem Missverhältnis zwischen dessen beschönigenden und belehrenden Beschreibungen und den alltäglichen Erfahrungen, die Ratlosigkeit und Wut erzeugen. Das rechtspopulistische Sprechen reagiert auf die tabuisierende Sprechweise des liberalen Diskurses mit einer besonderen Lust an der radikalen Formulierung. Zugleich stellt es dem erklärenden Sprechen die Forderung entgegen, dass es nicht an beschwichtigenden Worten fehlt, sondern an einer Veränderung der Lage.

Unter diesem Konflikt um die Kommunikationsart, mit der soziale Probleme öffentlich gemacht werden sollen, liegt aber ein tieferer Widerspruch. Die Rechtspopulisten lehnen den liberalen Diskurs nicht ab, weil sie ihn besonders gut kennen oder seine untergründige Verwandtschaft mit dem Neoliberalismus verstanden hätten. Sie lehnen die Forderung nach einem flexiblen, grenzenlosen Leben ab, da sie diese vor allem als Zwang in der Arbeitswelt der prekären Beschäftigung und als Bezieher von Transferleistungen kennengelernt haben. Sie lehnen die liberale Weltoffenheit ab, da sie vor allem als Kritik der Eliten an ihrem alltäglichen Leben, das als spießig, kleinbürgerlich oder rassistisch beurteilt wird, auftritt. Die liberalen Regeln und Tabus, die der Chef bei der Arbeit verhängt und die die Medien in den Berichten über ihr Milieu geltend machen, erscheinen ihnen nicht als Chance für ein gelungenes Leben, sondern als Bevormundung und Ausbeutung. Damit begreifen die Rechtspopulisten, ohne es in Begriffe bringen zu können, den zentralen Aspekt neoliberaler Politik, der sich mit dem Schleier liberaler Diversität verhüllt.

Dass der Rechtspopulismus sein instinktives Gespür für die böse Absicht hinter dem guten Sprechen nicht in Begriffe bringen kann, führt zu dem falschen Antagonismus zwischen dem Volk und einem Anderen. Egal, welche Gestalt der Andere annimmt – es können Flüchtende, Ausländer, queere Identitäten oder die Eliten sein, aber auch eine Institution wie die Brüsseler Bürokratie oder der Staat –, um die Grenze wirkungsvoll ziehen zu können, wird mit dem Antagonismus eine emotionale Aufladung betrieben, die beide Seiten gegeneinander ausspielt. Auf der guten Seite steht dann das bedrängte Volk und auf der anderen Seite die Bedrohung.

Indem der Sprechende sich auf die Seite der Bedrängnis stellt, wird sein Sprechen zum Ausdruck einer Not, die alle gemeinsam erleiden. Der Sprechende erhebt sich damit selbst zum Anwalt derjenigen, die ohne ihn keine Stimme hätten. Damit unterscheidet sich das rechtspopulistische Sprechen grundsätzlich vom liberalen Sprechen, das sich als überparteilich inszeniert, da es an die sachliche Erörterung glaubt. Ein liberales Sprechen stellt eine Situation zwischen Sprechendem und Hörendem her, in der beide nicht zur selben Gruppe gehören. Der strategische Vorteil einer solchen neutralen Sprecherposition schlägt beim populistischen Sprechen in einen eklatanten Nachteil um. Wer sich bedrängt fühlt, möchte keine Erklärung von einer Instanz, die sich als außenstehende höhere Vernunft ausgibt und darum behaupten kann, dass alles gar nicht so schlimm ist. Der Argwohn gegen die Eliten, die sich in eine Welt jenseits des Volkes abgesondert haben, bekommt durch jeden Sprechakt, der im Gestus des liberalen Populismus erfolgt, neue Nahrung.

Der Rechtspopulismus nutzt das emotionale Vakuum für seine Zwecke aus, indem er sich und seine Zuhörer zu einer Gefühlsgemeinschaft verbindet. Und da es sich dabei nicht um eine Gruppe von Gewinnern handelt, die ihren Sieg feiern wollen, sondern um die Wütenden und Abgehängten der Gesellschaft, ist das gemeinsame Gefühl vor allem durch Selbstmitleid geprägt. Man findet sich in der Ohnmacht zusammen, um mit Gleichgesinnten seine angestaute Empörung ausagieren zu können.

Wie explosiv die Gemeinschaft von sich ohnmächtig fühlenden, aber mit Wut und Energie aufgeladenen Menschen sein kann, zeigen die Wirkungen, die mit der einfachen Formel der rechtspopulistischen Beschwörung hervorgebracht werden: „Lange waren wir geduldig, doch jetzt ist das Maß voll. – Lange konnte man uns auf der Nase herumtanzen, doch nun schlagen wir zurück. – Alle werden bevorzugt, nur wir, das einfache Volk, bleibt unbeachtet."[15]

Bei der Radikalisierung der Wut wirkt ein Mechanismus, den man als Selbstaffektion beschreiben könnte. Durch sie wird ein Gefühlsbrei gekocht, bei dem nicht mehr zu unterscheiden ist, was darin Lust an der Aufregung oder Reaktion auf ein Unrecht ist. Dem Wütenden erscheint vieles, was alltägliche Herausforderung ist, als objektive Bedrohung, die dann sein radikales Gefühl rechtfertigt. Der Kreislauf der Selbstaffektion verdreht Ursache und Wirkung: Statt zu erkennen, dass durch die eigene Empörung viele Alltäglichkeiten unnötig dramatisiert werden, wird behauptet, man wäre nicht so aufgebracht, wenn die Realität einen nicht dazu zwingen würde. Dadurch bleibt das Selbstbild des moralischen und verantwortungsvollen Zeitgenossen intakt. Man sieht sich, obwohl man als Wutbürger radikale Forderungen stellt, nicht in der Rolle des Revolutionärs, sondern bleibt für sich und andere ein nur gezwungenermaßen so aggressiv auftretender Mensch. Die Selbstaffektion, die sich als Opfer von äußeren Kränkungen sieht, hat der rechte Populismus mit zahlreichen anderen gesellschaftlichen Kräften gemeinsam, die sich politisch auf der entgegengesetzten Seite verorten würden. So findet sich z. B. im Komplex der Gutmenschen und der Political Correctness genau diese Vertauschung wieder, die die eigene Dünnhäutigkeit zum Beweis für die Fehler der Welt macht.

Beim Rechtspopulismus führt diese Bewegung jedoch zu dem spezifischen Muster der Ausgrenzung, die das rechte Denken bestimmt. Man ist nicht Urheber einer neuen Gesellschaft, sondern sieht sich gezwungen, die bestehende Ordnung zu verteidigen, da sie von fremden Mächten bedroht wird. Von daher ist der rechte Populismus im Sinne des Wortes reaktionär: Er nimmt für sich das Recht auf Selbstverteidigung in Anspruch, indem er eine Bedrohung konstruiert, die seine Gefühle der Empörung nicht als aktives Handeln erscheinen lassen, sondern als zwangsläufige Reaktion.

Von Ameisen und Grillen

Die Ausgangssituation für eine solche Gefühlslage erinnert nicht zufällig an die Fabel von der fleißigen Ameise und der lustigen Grille: Die Ameise arbeitet den ganzen Sommer, damit sie im Winter Vorräte hat. Die Grille musiziert im Sommer und im Winter steht sie frierend vor der Wohnung der Ameise und bittet um Unterschlupf und Nahrung. Diese Fabel kennt zwei Enden.

In der ersten, konservativen Fassung sagt die fleißige Ameise: Du hast den ganzen Sommer gesungen, dann tanze nun im Winter, und lässt damit die Grille erfrieren. In der neueren, linksliberalen Fassung wird die Grille ebenfalls von der Ameise weggeschickt, doch findet sie bei der gastfreundlichen Familie der Mäuse ein neues Heim, in dem sie den Winter über weitermusiziert, während die Ameise alleine in ihren Vorräten sitzt. Ihr Ärger ist vorprogrammiert, wenn die Zahl der Grillen zunimmt, die bei Mäusen Unterschlupf finden.

In den zwei Varianten der Fabel ist die psychologische Unterscheidung zwischen der Doktrin des strafenden Vaters und der helfenden Mutter gut wiedergegeben.[16] Wer unter den Regeln des strafenden Vaters lebt, der wünscht, dass alle sich an dieselben Regeln halten und derjenige, der sich nicht daran hält, auch die Konsequenzen dafür tragen muss. Die helfende Mutter hingegen fördert das Vertrauen, dass alle unterschiedlich leben können, wenn sie einander dabei unterstützen. Eigene Solidarität und das Vertrauen darauf, dass andere auch solidarisch sein werden, sowie die Fairness, darin die Balance zu finden, zeichnen eine solche Haltung aus.

Man kann heute sehr viele politische Meinungen nach diesen beiden Grundausrichtungen einordnen. Wer gelernt hat, den Menschen zu vertrauen, dem wird auch vertrauensvoller begegnet. Wer vor allem die Härte der Regeln erfahren hat, der wird den Einzelnen für sein Schicksal verantwortlich machen und sich selbst auch in der Rolle des Vereinzelten wiederfinden. Seine Frustration wächst, je öfter er erleben muss, dass diejenigen, die sich nicht an die Regeln halten, dafür nicht bestraft werden, sondern sogar noch eine Belohnung bekommen.

Dass diese Unterscheidung nicht ganz so naiv ist, wie sie wirkt, zeigen die Untersuchungen des französischen Soziologen Luc Boltanski[17], der herausgefunden hat, dass die Erfolgreichen in den westlichen Gesellschaften genau diesen Bonus des Grille-Seins strategisch für sich ausnutzen. Wer Erfolg haben will, muss die Regeln nach seinen Bedürfnissen brechen und zugleich darauf bestehen, dass die anderen sich an die Regeln halten. So hat man nicht nur Vorteile, sondern auch noch die Aura des Siegers, der sich mutig über Konventionen hinwegsetzt.

Wie pervers diese Grillentechnik werden kann, zeigte das Auftreten von Bankern nach der Finanzkrise von 2008. Bis dahin waren alle Banker besonders wohlhabende Ameisen, die sich darin einig waren, dass staatliche Eingriffe in die Wirtschaft Teufelszeug sind und die Unterstützung der Armen den volkswirtschaftlichen Tod bedeutet. Wer es nicht selbst schafft, der muss sehen, wo er im Winter bleibt. Als aber der kalte Wind der Finanzkrise ihnen ins Gesicht blies, verwandelten sich die Ameisen plötzlich in Grillen und riefen lautstark nach staatlichen Rettungsmaßnahmen für die Finanzindustrie. Dass nun Banken und ihre Manager alternativlos gerettet werden sollten, aber jeder Euro für soziale Zwecke den Untergang des Wirtschaftsstandorts bedeutet hatte, hat die anderen Ameisen wenig gefreut. Und als das unverschämte Anspruchsdenken der Grillen-Manager noch dazu geführt hat, dass sie ihre privaten Bonuszahlungen vor Gericht einklagen konnten, nachdem sie zuvor Milliarden verbrannt hatten, war die Geduld der Ameisen wie die Solidarität der Mäuse am Ende.

Durch eine solche systematische Ausnutzung des Grillenstatus hat sich der Eindruck verbreitet, dass Ansprüche generell mit zweierlei Maß bewertet werden. Auf der einen Seite stehen die Grillen, die machen können, was sie wollen, und die dafür nicht nur Anerkennung bekommen, sondern auch Hilfe, wenn sie im Winter des Bankencrashs ohne Vorräte dastehen. Auf der andere Seite leben die normalen Ameisen, die täglich vorsorgen müssen und denen vorgeworfen wird, dass sie spießig und kaltherzig sind, wenn sie den Grillen nichts abgeben wollen. Die solidarische Gesellschaft der Mäuse hingegen fühlt sich zusehends ausgenutzt und überlegt nun genauer, welcher Grille sie helfen will und welche Grille vielleicht eine Heuschrecke ist. Denn dass Grillen Verwandte der Heuschrecken sind, die bei Nahrungsmangel Schwärme bilden und zur biblischen Plage werden, lässt das Bild noch brisanter werden.

Der Doppelstandard in der öffentlichen Zuwendung ist seit 2008 so deutlich hervorgetreten, dass die Bereitschaft, den wirklich Notleidenden zu helfen, nachhaltig beschädigt worden ist. Um es einmal populistisch zuzuspitzen: Wären bei der Finanzkrise einige Bankhäuser kollabiert und die Eliten dafür persönlich zur Rechenschaft gezogen worden, hätte das dem Gerechtigkeitsgefühl im Volk besser entsprochen und die Hilfsbereitschaft sehr befördert. Dass aber Banken und Aktienbesitzer gerettet und Menschen dafür in Armut gestoßen wurden, hat das Gerechtigkeitsempfinden nachhaltig gestört. Der Rechtspopulismus schöpft aus dieser Energie und bringt sie in die gefährliche Form eines Extremismus der Mitte. Und dass diese einseitige Rettung des Kapitals auf Kosten der Allgemeinheit bis heute als Austeritätspolitik in ganz Europa durchgesetzt wird, verschafft ihm immer neuen Zulauf.

Der Rechtspopulismus und die Flüchtlingskrise

Betrachtet man die Migrationsbewegung von 2015 unter einem biopolitischen Blickwinkel, so ist sie vollständig richtig gewesen. Die durchsetzungsstärksten und schnellsten Flüchtenden haben die deutsche Grenze in den wenigen Monaten erreicht, als sie für alle geöffnet war. Was letztlich der Grund für die Regierung Merkel war, auf Grenzkontrollen zu verzichten und die EU-Regeln außer Kraft zu setzen, ist bis heute nicht erklärt. Die Behauptung, es hätte sich um eine humanitäre Notlage gehandelt, als tausende Flüchtende auf dem Budapester Bahnhof an der Weiterreise nach Deutschland gehindert wurden, ist keine Erklärung, sondern schon in der Logik desjenigen gedacht, der genau diese Notlage absichtlich herbeigeführt hat.

Der ungarische Präsident Viktor Orbán hat die Flüchtenden missbraucht, um Bilder zu erzeugen, die die liberaleren Gesellschaften Nordeuropas nicht ertragen wollten. Sie wurden dadurch in die Zwangslage versetzt, entweder die in Ungarn leidenden Menschen aufzunehmen und damit das bisher geltende EU-Recht abzuschaffen oder sich zu Mitschuldigen zu machen. Damit hat Viktor Orbán es als erster Staatschef aus der Gruppe derjenigen, die bisher von den mitteleuropäischen Ländern mit den Flüchtlingen alleine gelassen wurden, geschafft, die von Dublin II privilegierten Staaten zur Mitverantwortung zu zwingen.

Die Reaktion der CDU-Kanzlerin auf diese Provokation ist bekannt. Über die Folgen ist bis heute ein erbitterter Streit entbrannt und zugleich können zahlreiche Fragen noch immer nicht öffentlich diskutiert werden: Musste die Rettung der von Orbán taktisch in Not gebrachten Flüchtenden automatisch dazu führen, dass danach für einige Monate jeder die Balkanroute ungehindert passieren konnte, der es mit Schleppern dorthin geschafft hatte? Was wäre passiert, wenn sein Plan nicht aufgegangen wäre und die mitteleuropäischen Politiker genau dieser Erpressung durch menschliches Leid nicht nachgegeben hätten? Warum musste die deutsche Debatte über die Bedingungen der Grenzöffnung und die Notwendigkeit der Hilfe so einseitig geführt werden? Warum gab es als Reaktion auf Orbáns Erpressung nur die Möglichkeit, seinem Willen zu gehorchen und damit Ungarn von allen Pflichten aus dem Schengenabkommen zu befreien? War es danach weniger gewalttätig für die Flüchtenden, ab Januar 2016 an den Grenzen von Idomeni, in türkischen Lagern, griechischen Hotspots und vor der ungarischen Grenze ausharren zu müssen? War die Schließung der Balkanroute nicht wesentlich brutaler, nachdem sie für einige Monate offen gewesen war, da nun eine starke Migrationsbewegung mit Gewalt unterbrochen werden musste und damit die Hoffnung, doch nach Mitteleuropa gelangen zu können, erst geweckt und dann wieder enttäuscht wurde? Hat nicht der Kontrollverlust vom Herbst 2015 dazu geführt, das Asylrecht zu verschärfen, so dass der Weg nach Europa immer gefährlicher geworden ist? Bezahlen also nicht letztlich alle dafür, dass sich die deutsche Regierung von Viktor Orbán hat erpressen lassen? Und hat nicht das Erschrecken über den Kontrollverlust und die Weigerung der Kanzlerin, dafür die politische Verantwortung zu übernehmen, alle Diskussionen über Migration in eine rechte Schieflage gebracht?

Alle diese Fragen durften im Herbst/Winter 2015 innerhalb der liberalen Öffentlichkeit nicht gestellt werden und sind bis heute tabuisiert. Die Entscheidung wurde, wie alle anderen wichtigen Entscheidungen der CDU-Kanzlerin, im Verborgenen getroffen und dann als alternativlos behauptet. Wer dennoch anderer Meinung ist, kann sich aussuchen, ob er als AfD-Populist, als Rassist oder als Ewig-Gestriger, der die Globalisierung noch immer nicht verstanden hat, gelten will.

Die totalitäre Schließung des politischen Feldes durch die alternativlose Politik der Kanzlerin führte in diesem Fall jedoch das erste Mal zu einer hartnäckigen Protestbewegung. Was die Brutalität ihrer Austeritätspolitik nicht geschafft hat, wird durch ihre Flüchtlingspolitik Realität. Die Ursachen für den anhaltenden Protest gegen ihre Politik speisen sich aus verschiedenen Quellen. Der latente Rassismus und die Angst gerade vor islamischen Flüchtenden spielen hier ebenso eine wichtige Rolle wie die verletzte Souveränität der Wähler, die in einer so wesentlichen Frage weder gefragt wurden noch eine Chance hatten, ihrer Meinung Gehör zu verschaffen. Und schließlich entlädt sich an diesem Punkt eine lange aufgestaute Wut gegen die belehrende Art der liberalen Politik, bei der der Einzelne als Schüler betrachtet wird, der von einer Elite erzogen werden muss.

Die Mischung aus Rassismus und Angst, Bevormundung des Wählers und Überdruss an der Rolle des ungezogenen Schülers findet zu einer Protestenergie zusammen, die die etablierten Parteien merklich überrascht. Dass es so viel Unbehagen an der Schondemokratie gibt und sich so viel Wut gegen die bevormundende Politik angestaut hat, scheint kaum jemandem bewusst gewesen zu sein. Und dass sich der geballte Protest noch im Anfangsstadium befindet, ist daran zu sehen, wie irrlichternd seine Argumente und Weltanschauungen durcheinandergeraten. Das letzte Mal, dass sich eine breite gesellschaftliche Bewegung zu einer Partei zusammenfand, war im Westdeutschland der 1980er Jahre, als die grüne Bewegung sich aus rechtsnationalen Bauern, Atomkraftgegnern, linken Straßenkämpfern und anderen Gegnern des Systems zusammenraufte. Die inneren Kämpfe um eine parteiliche Geschlossenheit und Ausgrenzung faschistischer und anderer radikaler Kräfte hat die Partei über viele Jahre beschäftigt.

Der Parteibildungsprozess bei der AfD steht demgegenüber noch am Anfang. Verursacht wurde er im Unterschied zur Gründung der Grünen durch die Politik einer liberalen Alternativlosigkeit, die den Widerspruch, eine offene Gesellschaft zu predigen und dabei vor allem die Interessen des Kapitals zu verteidigen, zu weit getrieben hat. Dadurch wurde eine rechte Kraft auf die politische Bühne geschleudert, die von der Geschwindigkeit, mit der sie wächst, selbst am meisten überrascht zu sein scheint. Wo also ist die Linke, die die pessimistische Aussage von Walter Benjamin widerlegt, nach der jede rechte Revolte die Folge eines Versagens der Linken ist? Eine kritische Masse, die dem System feindlich gegenübersteht, ist offensichtlich vorhanden.

DER LIBERALE POPULISMUS

Eine systematische Definition des Populismus

Jan-Werner Müller[18] argumentiert seit einiger Zeit für eine Kritik des Populismus, die nicht mehr auf den Inhalt der Aussage abzielt oder ihre Form, sondern auf ihre Begründung. Seine Definition ist so einfach wie nachvollziehbar: Eine Aussage ist populistisch, wenn sie für sich eine Wahrheit beansprucht, die weder demokratisch noch wissenschaftlich begründet ist, sondern die sich aus einem Volkswillen ableitet, der weder überprüft noch bewiesen werden kann. Der Volkswille ist die ungreifbare Letztversicherung, die der Populist in Anspruch nimmt, um daraus seine unangreifbare Autorität abzuleiten. Er beansprucht eine Wahrheit, die nur derjenige besitzt, der den Willen des Volkes erkennen kann. Da diese Wahrheit nicht durch Mehrheiten oder wissenschaftliche Methoden bewiesen wird, ist sie auch nicht durch Argumente oder Fakten zu widerlegen. Sie gilt absolut, solange man an einen Volkswillen glaubt, der von Einzelnen erkannt und verkörpert werden kann.

Mit einem solchen methodischen Begriff von Populismus lassen sich politische Aussagen inhaltlich neutraler untersuchen. Eine Kritik am Euro, am Kapitalismus oder an elitären Herrschaftsformen kann entweder populistisch sein, wenn sie einen behaupteten Volkswillen vertritt, oder sie kann eine legitime politische Meinung sein, die diskutiert werden muss, egal, ob sie den herrschenden Interessen passt oder nicht.

Schaut man mit dieser Methode etwa auf die Eurorettungspolitik der Bundesregierung seit 2009, so ist sie eindeutig populistisch, da die Bundeskanzlerin ihre Austeritätspolitik als alternativlos bezeichnet hat.[19] Die Folgen in Europa sind drastisch und dauern bis heute an: Verarmung der südlichen Euroländer, hohe Arbeitslosigkeit, Altersarmut, zusammenbrechende Gesundheitssysteme, Erstarken radikaler, rechtsnationaler Parteien etc. Dennoch hat die deutsche Regierung sich gegen den ausdrücklichen Willen und gegen die Interessen dieser Länder durchgesetzt.[20] Begründet wurde sie mit einer höheren Vernunft als der von demokratischen Mehrheiten. Die höhere Vernunft heißt in diesem Fall nicht Volkswille, sondern Marktlogik, und die ist ebenso unerbittlich in ihren Ansprüchen und mindestens so launisch in ihren Forderungen.

Der Glaube, als Politiker den Markt vernehmen und seine Wahrheit verkörpern zu können, ist von der gleichen Irrationalität wie der Glaube an einen Volkswillen und seine Inkarnation in einer Führergestalt. Wird der Markt von solchen Politikern zur absoluten Wahrheit gemacht, die über der Demokratie steht, können sie immer absurdere Forderungen damit begründen. Das Wesen des freien Marktes verlangt heute z. B. eine Beschränkung der sozialen Umverteilung des Reichtums, damit das befreite Kapital sich unbegrenzt entfalten kann. Die Trickle-down-Theorie, nach der vom Tisch der Reichen, ist er nur voll genug gedeckt, auch etwas für die Ärmeren herunterfällt, ist zwar inzwischen sowohl theoretisch wie auch in der Praxis widerlegt, doch der liberale Populismus predigt sie weiterhin.

Der Populismus, der die Launen des Marktes zur absoluten Wahrheit erklärt, ist der liberale Populismus unserer Zeit, der vor allem in Deutschland seine Musterschülerin gefunden hat. Die Politik der Alternativlosigkeit setzt trotz aller Nebenwirkungen die Agenda des Neoliberalismus in Europa durch, da sie mit der Macht Deutschlands gepaart ist. Und wie jede durchgesetzte Ideologie regiert der Markt inzwischen nicht nur mit der Macht der Gesetze, sondern auch mit der Regulierung dessen, was öffentlich gesagt und gedacht werden darf. Die Merkelsche Ausprägung eines solchen Populismus vereinigt die Behauptung der Alternativlosigkeit, die in der Trias von Neoliberalismus, Biopolitik und postmoderner Diversität gründet, mit der Tarnung, eben gerade nicht populistisch zu sein, da man doch die Vernunft des Common Sense vertrete. Wie absolut dieser Politikstil inzwischen durchgesetzt ist, kann man daran erkennen, dass der liberale Common Sense tatsächlich in der doppelten Bedeutung des Begriffs verwendet wird: Es ist der gesunde Menschenverstand, der sich selbst zur absoluten Norm des Denkbaren erklärt hat.

Der liberale Common Sense in der Spätmoderne zeichnet sich durch eine komplexe Struktur von Paradoxien aus. Die zentrale Paradoxie besteht darin, dass er für sich in Anspruch nimmt, die menschenfreundlichste Weltanschauung aller Zeiten zu sein. Zugleich führen Europa und die USA in seinem Namen Kriege, beuten die Ressourcen ärmerer Länder aus, exportieren ihre Konsum- und Kulturgüter in alle Welt und regeln mit den Leitwährungen Dollar und Euro den Warenverkehr zu ihren Gunsten. Ihr Anspruch dabei ist immer: Wir sind die Guten und wir haben die militärische und wirtschaftliche Macht, um das auch durchzusetzen. Für alle Außenstehenden erscheint dieser Anspruch hingegen wie pure Ideologie. Warum sollte sich irgendjemand auf der Welt von den Idealen der Menschenwürde beeindrucken lassen, wenn sie nur für den Innenraum der Privilegierten gelten, während ganze Kontinente ausgebeutet werden, damit die Distinktionsspiele im Inneren weiter verfeinert werden können? Doch seit 2008 bleiben die Ausgeschlossenen nicht nur immer öfter vor den Toren stehen, auch innerhalb der Grenzen des Wohlstands zerfällt die Gesellschaft immer drastischer in Gewinner und Verlierer. Da die Verlierer die Werte und Sprachspiele des Liberalismus besser kennen als die davon Ausgeschlossenen, lassen sie sich von seiner Doppelmoral immer seltener einschüchtern. In ihren Augen nimmt sich der eine Teil der Gesellschaft nicht nur alle Reichtümer, sondern er triumphiert dabei auch noch mit seiner moralischen Überheblichkeit. Was der Zivilisierung der Umgangsformen diente, ist durch die Hyperkritik der Political Correctness zu einer Waffe im Umverteilungskampf geworden.

Während die Kämpfe um Gleichberechtigung im Zentrum der Privilegierten immer kleinteiliger geführt werden, schlagen sie in ihr Gegenteil um. Es geht immer weniger um tatsächliche Ungleichheit als vielmehr darum, allen anderen ihre weniger entwickelte Moral vorzuwerfen. Die Reaktionen des neuen Ressentiments sind darum anders motiviert und haben eine andere Absicht als das früherer Zeiten. Das Ressentiment richtet sich heute vor allem gegen den Dünkel der liberalen Klassen und ihre moralische Bevormundung. Der Rassismus der AfD ist kein Ausdruck einer Conditio humana des Ostdeutschen, wie es die liberale Elite gerne behauptet, sondern der Reflex auf eine Regierung, die plötzlich Fürsorge für Flüchtende als politischen Auftrag entdeckt, nachdem sie über Jahrzehnte Entsolidarisierung gepredigt hat.

Die gängigen Antworten des Liberalismus auf diese neuen Ausbrüche von Ressentiment machen es sich darum zu bequem, wenn sie darin nur eine allgemeine Verrohung sehen, der man mit noch mehr moralischer Bevormundung begegnen muss. Die falsche Reaktion besonders kämpferisch gestimmter Eliten greift darum gerne zum forschen Auftreten, das jeden Kontakt vermeiden will, um die Grenzen des Sagbaren nicht zu verschieben oder das Böse salonfähig zu machen. Eine solche Haltung zeugt aber weder von politischem Instinkt noch von humaner Gesinnung, da mit ihr der moralische Anspruch zum Dünkel wird und die anderen zu Menschen zweiter Klasse degradiert werden.

Eine besonders raffinierte Weise der liberalen Selbstverteidigung besteht darin, zuerst zuzugestehen, dass wohl etwas schiefgelaufen ist bei der Globalisierung, wenn so viele Menschen sich davon ausgegrenzt fühlen, um dann zu behaupten, dass keine Zeit mehr für Veränderungen ist, da man zuerst dem erwachenden Nationalismus und Ressentiment begegnen muss. Und so kann man weitermachen wie bisher. Würde hier einmal Ursache und Wirkung in die richtige Reihenfolge gebracht, könnte man leicht erkennen, dass die „schieflaufende" Globalisierung und ihre Doppelmoral die Ursachen sind und sie darum kaum als Rettung gegenüber dem erwachenden Ressentiment taugen. Der Liberalismus scheint also nicht nur in seiner Rolle als Chefideologe des Neoliberalismus gefangen, sondern auch von seinem eigenen Erfolg betäubt zu sein, als moralisch einwandfreie Form von Politik zu erscheinen.

Die rechtspopulistischen Parteien leisten unfreiwillig einen wesentlichen Beitrag zu diesem Erfolg. Indem sie ihre antibürgerlichen Proteste mit Nationalismus und Rassismus verbinden, machen sie es dem liberalen Populismus einfach, alle Alternativen zu seiner Hegemonie zu diffamieren. Davon, dass Populismus in der Geschichte fast immer als Rechtspopulismus aufgetreten ist, profitiert bis heute der Liberalismus, der über die Legitimation zu verfügen scheint, automatisch jede Kritik am Bestehenden als rechte Aussage zu diffamieren, egal, ob sie von links oder von rechts getätigt wird. Wenn Sahra Wagenknecht darauf hinweist, dass mit den Flüchtlingen auch eine Reservearmee auf den Arbeitsmarkt drängt, die gerade die unteren Schichten besonders belastet, wird sie als Populistin ausgegrenzt, was im aktuellen Wortgebrauch immer auch meint: Rechtspopulistin.

So verteidigen die bürgerliche Mitte und die Eliten gemeinsam ihren Besitzstand an symbolischem und realem Kapital gegen die Angriffe von den Rändern der Gesellschaft. Dieses Muster wird in jeder Nachrichten-Moderation eingeübt, wenn die AfD mit dem Epitheton „rechtspopulistisch" oder Podemos in Spanien als „linkspopulistisch" bezeichnet wird. Käme in den Redaktionen wohl jemand auf den Gedanken, die anderen Parteien mit ähnlich schmückenden Beiworten auszustatten, die Grünen z. B. als Partei der Besserverdienenden, die CDU als machtorientiert und die SPD als sozial desorientiert zu bezeichnen?

Die Anfänge des liberalen Populismus: Schockstrategien und autoritärer Populismus

Die Ausbreitung des Neoliberalismus vollzog sich in den 1970er Jahren von Land zu Land in sehr unterschiedlicher Form: Die Schockstrategien in Lateinamerika kamen ohne große Arbeit am theoretischen Überbau aus[21], die Zerschlagung der Gewerkschaften in Großbritannien musste mit einem größeren Aufwand an politischer Propaganda begleitet werden[22], die Abschaffung der Trennbanken vor allem in den USA und die biopolitischen Strategien auf dem mitteleuropäischen Arbeitsmarkt brauchten die volle Unterstützung eines theoretischen Überbaus und der innovativsten Kräfte in der Gesellschaft.

In den demokratischen Staaten, die eine längere Tradition des Wohlfahrtsstaats hatten, wurde nicht selten die Sozialdemokratie zum Anwalt der liberalen Mittelschicht, die sich dann als überraschend williger Helfer erwies. Das postmoderne Denken, das sich seit den 1970er Jahren an den Universitäten der westlichen Welt verbreitete, kann in seiner ideologischen Funktion bei der Durchsetzung des Neoliberalismus nicht hoch genug bewertet werden. Seine Hauptwirkung besteht einerseits darin, dass es die Begriffe des kritischen Denkens, mit dem die materiellen Lebensbedingungen und Eigentumsverhältnisse analysiert werden können, vollständig mit dem Mittel der Dekonstruktion zerstört hat. Und zum anderen hat eben diese Dekonstruktion nicht nur zu einer Zersplitterung des Denkens geführt, sondern die Subjekte und ihre Solidargemeinschaften sind atomisiert worden, so dass heute nicht mehr soziale Klassen dem Kapital gegenüberstehen, sondern vereinzelte Individuen.

An dem von Stuart Hall untersuchten neoliberalen Umbau der englischen Gesellschaft lässt sich die doppelte Strategie aus Entrechtung und Entmündigung konkret nachvollziehen. Was er den autoritären Populismus genannt und anhand der Politik Margaret Thatchers beschrieben hat, zeichnet sich durch eine populistische Anrufungsstruktur aus, die die liberale Gesinnung für die Interessen des Kapitals vereinnahmen konnte.

Die schlichte Rationalität der Kaufmannstochter Marga-ret Thatcher erzeugte einen Common Sense, der dem Alltags-verstand aus der Seele zu sprechen schien. Seine Wahrheiten verbanden strategische Naivität mit brutaler Einfachheit: Man kann nicht mehr ausgeben als man einnimmt und jeder sorgt am besten für sich selbst. In Gestalt der schwäbischen Hausfrau trat diese Denkfigur während der Weltfinanzkrise von 2008 wieder auf. Dieses Mal bemühte Angela Merkel die Anrufung an die ehrliche Krämerseele, um die Austeri-tätspolitik gegenüber Griechenland und der gesamten EU durchzusetzen. In beiden Fällen wurde die Vernunft des Besitzindividualisten wirkungsvoll gegen die Unvernunft eines verschwenderischen Staates gestellt.

Durch eine solche Anrufungsstruktur entsteht ein Volk von Einzelnen, die sich aufgrund ihres Besitzes und ihrer Ver-antwortung in der privilegierten Position befinden, über die Gesellschaft urteilen zu dürfen. Auf der anderen Seite stehen diejenigen, die nicht als Eigentümer auf die Welt blicken, son-dern die Solidarität und Gleichheit fordern. Diese Haltung wird durch die populistische Anrufung diskreditiert, weil sie nicht aus der Position des Eigentümers spricht. Der Wohl-fahrtsempfänger, der auf Kosten des Staates lebt, hat ebenso wenig ein Recht darauf, dass seine Stimme gehört wird, wie der Schuldner, der die unfairen ökonomischen Bedingungen anklagt. Beide Ansprüche werden als unverschämtes Schma-rotzertum diffamiert, während der Egoismus des Besitzbür-gers der natürliche Ausdruck seiner Interessen ist.

Die Ideologie des Eigentümers behauptet, dass Reich-tum die gerechte Belohnung für die persönliche Leistung ist. Diese Ideologie stellt die notwendigen Erklärungen zur Ver-fügung, so dass es unmöglich wird, sich vorzustellen, dass

Reichtum immer auch die Folge der ökonomischen Verhältnisse ist, in denen Kapitalbesitzer Privilegien haben, die alle
anderen nicht haben. Die unwiderlegbare Tatsache, dass, wer
als Erbe in einer westlichen Gesellschaft geboren wird, ohne
jede eigene Leistung reich ist, wird von dieser Ideologie
ebenso geleugnet wie die systemische Ungleichbehandlung
von Kapital und Arbeit. Obschon jeder die Ungleichheit in
allen Bereichen der Gesellschaft sieht, hat es die neoliberale
Ideologie geschafft, den Egoismus des Eigentümers zur allgemeinen Vernunft zu erklären. Um diese Wirkung zu erzielen,
verschiebt er die Tatsachen, die für Geld zutreffen – man kann
es nur einmal ausgeben etc. – auf die Logik des Kapitals. Diese
Meisterleistung bei der Verschiebung des Schemas, das die
Rechte des Einzelnen gegenüber der Gemeinschaft stärkt, auf
die Gier des Kapitals und seine Produktion von Ungleichheit,
macht bis heute den Kern der kapitalistischen Erzählung aus.

Unterstützt wird eine solche Anrufungsstruktur des
Eigentümers, die für den Umbau zum Neoliberalismus emi-
nent wichtig war und ist, von anderen Anrufungen, die sich
alle in dem Punkt gleichen, dass sie den vernünftigen Bürger
vor einer verantwortungslosen Allgemeinheit schützen wollen. Ob es die Sorge der Eltern ist, die ihre Kinder vor den
Bildungsexperimenten linker Lehrer schützen müssen, oder
die besorgte Frau, die sich nicht mehr alleine auf die Straße
traut, weil dort unberechenbare Fremde herumlaufen, alle
diese Beschwörungen ergänzen sich in ihrem Populismus.

Die für die postmodernen Gesellschaften entscheidende
Wendung liegt aber darin, dass diese traditionellen Populismen von „moralischen Paniken"[23] begleitet werden, um sie für
ihren eigentlichen Zweck, nämlich den Umbau der Subjekte
und Gesellschaften zu Teilnehmern globalisierter und flexib-

ler Märkte, zu benutzen. Ohne die moralischen Paniken wäre der autoritäre Populismus eine rückwärtsgewandte Politik, die eben gerade nicht für die Globalisierung vorbereitet, sondern die Nationalstaaten konserviert hätte. Der autoritäre Populismus der 1970er und 1980er Jahre ist eben keine bürgerlich-konservative Politik, wie sie bis in die 1960er Jahre üblich war, sondern die raffinierte Kombination aus herkömmlichen konservativen Anrufungen für besorgte Eigentümer und moralischen Paniken, mit denen Fragen von Race, Gender und ethnisch-kultureller Liberalisierung auftraten.

Die Verkopplung von konservativen Haltungen mit linksliberalen Forderungen bildet das Geheimnis des liberalen Populismus unserer Gegenwart, und der Erfolg des Neoliberalismus beruht vor allem darauf, dass diese Verbindung bis heute nur unvollständig in der politischen Öffentlichkeit verhandelt wird. Noch immer bezieht der liberale Populismus für seine Forderungen nach Freiheit und Individualismus seine Überzeugungskraft daraus, dass nicht erkannt wird, wie der liberale Freiheitsbegriff mit dem neoliberalen Freiheitsbegriff im Widerspruch steht. Freiheit bedeutet heute eben nicht mehr individuelle Freiheit, sondern Deregulierung des Kapitals und Flexibilität der Menschen. Die paradoxe Konstruktion der konservativen Anrufungen bei gleichzeitigen moralischen Paniken diente dazu, die ökonomischen Deregulierungen durchzusetzen und sie als Erfolg der menschlichen Freiheit erscheinen zu lassen.

Die mitteleuropäischen Wohlfahrtsstaaten boten für diese Strategie besonders geeignete Voraussetzungen. Durch den bürgerlichen Liberalismus war die Macht der Kollektive wie Volk oder Klasse schon weit in die Defensive gedrängt worden und es konnte in einem nächsten Schritt die Atomisierung aller Gruppen und Identitäten eingeleitet werden. Das Denken war durch die postmodernen Theorien vorbereitet, die den faschistoiden Rest in jeder Form von Gemeinsamkeit entlarvt hatten. Und zu guter Letzt fiel die Dekonstruktion aller Klassen und Identitäten auf den fruchtbaren Boden des Misstrauens, den das Bürgertum schon immer gegenüber dem unberechenbaren Volk hegte.

Bis ins 19. Jahrhundert reicht diese Verachtung des Bürgertums gegenüber der unteren Klasse zurück und seine schlichte Logik bestimmt trotz aller postmodernen Dekonstruktionen noch immer das liberale Denken: Das Volk ist faul, sonst wäre es längst Teil der bürgerlichen Klasse; das Volk ist reaktionär, sonst hätte es längst die verfeinerten Regeln der Emanzipation und der politisch korrekten Sprache erlernt; das Volk ist anfällig für populistische Politiker, da seine Kommunikation auf emotionalen Mitteilungen beruht und nicht auf der elaborierten Sprache des herrschaftsfreien Diskurses.

Das bürgerliche Selbstbewusstsein bezieht aus diesen Erklärungen eine robuste Weltanschauung, die in der Überzeugung gipfelt, dass das Ziel der Weltgeschichte der liberale Besitzbürger ist. Nur auf dieser Basis konnten die europäischen Intellektuellen die Theorie des Posthistoire erfinden und behaupten, dass mit der globalen Ausbreitung des Kapitalismus auch das Ende der Geschichte gekommen ist.

Das Paradox der offenen Gesellschaft

Das Ideal des liberalen Demokraten ist spätestens seit John Rawls' „Theorie der Gerechtigkeit" eine eingehegte, vernünftige Form des Machtausgleichs. Politik wird hier vor allem als ein Bereich verstanden, in dem innerhalb der bestehenden Normen und Gesetze an der Perfektionierung des Bestehenden gearbeitet wird. Politik basiert auf Rechten, die auf eine Verfassung gegründet sind, und ist auf keinen Fall mehr die Regierung des Ausnahmezustands.

Der große Andere allen politischen Handelns, wie Slavoj Žižek es wohl nennen würde, ist das Verfassungsgericht, das wie vormals das Jüngste Gericht die letzte Instanz ist, vor der sich die bürgerliche Vernunft zu verantworten hat. Der öffentliche Gebrauch der Vernunft folgt dabei Regeln, die vor jeder politischen Entscheidung schon gegeben sind. Ihre Implikationen liegen in dem, was man das biopolitisch regierte Subjekt nennen könnte: Es ist rational, es kann sein Begehren in verallgemeinerbare Forderungen kleiden und es ist vernünftigen Argumenten zugänglich. Ein solches Musterbild des bürgerlichen Subjekts ist die Schablone, in die sich jedes öffentliche Sprechen einzufügen hat. Bedient das öffentliche Sprechen andere Register der Rhetorik oder der Gefühle, wird es populistisch genannt, da es offensichtlich mit seiner Ansprache eine Instanz im Volk erreicht, die von den liberalen Diskursen nicht erreicht wird.

Die einfache Definition des Populismus, die hier verwendet wird, besteht darin, die wirkungsvolle Ansprache an den Populus als gefährlich anzusehen, da sie nicht die paradoxen Sprachspiele des Liberalismus verwendet. Das Problem an dieser Definition ist, dass sie in ihrer Allgemeinheit allem Populären gleicht und allein der Absicht dient, den Begriff des Populismus so umzudeuten, dass erstens der liberale Politikstil hiervon nicht erfasst werden kann und zweitens die negative Aufladung erlaubt, die den politischen Gegner beschädigt.

Indem das liberale Bürgertum jede emotionalisierende oder zuspitzende Rede als populistisch abwertet, hat es sich die Diskurshoheit gesichert. Der Stolz auf die Vernunft und ihre zivilisierende Kraft verstellt nicht nur die politische Absicht, sondern vor allem die Tatsache, dass genau damit Menschen ausgegrenzt werden, die nicht willens oder in der Lage sind, sich diesen Vorschriften zu beugen. Ein solcher liberaler Stolz blendet absichtlich aus, dass seine Art der Zivilisierung alle Meinungen abwehrt, die die Funktionsweise des Systems generell in Frage stellen.

Der bürgerliche Liberalismus ist die gegenwärtig beste Waffe im Klassenkampf der oberen Klassen gegen die diffuse Menge der anderen, die jenseits der Grenzen des Eigentums oder des guten Geschmacks leben. Seine durchschlagende Wirkung besteht darin, dass er nicht auf einer offensichtlichen Gewalt beruht, sondern auf den unsichtbaren Regeln, die sich im Habitus und in der Sprache realisieren. Wird ein Gedanke erst einmal in die Form des bürgerlichen Liberalismus gebracht, ist er auch schon Teil des hegemonialen Denkens und sein Potential zum Widerstand wurde ihm ausgetrieben. Die Neutralisierung des Widerstands durch seine diskursive Vereinnahmung zivilisiert nicht nur die Umgangsformen, sondern sie ist auch eine Waffe, die den Angriff der anderen entkräften soll. Wer sich im Jargon des liberalen Populismus ausdrücken muss, kann keine wirksame Kritik an der Ungleichheit üben, denn in diesem Diskurs ist die Ungleichheit keine Folge der Klassenzugehörigkeit, sondern eine Frage von kultureller, ethnischer, religiöser oder sexueller Diversität.

Das Paradox der offenen Gesellschaft, das vom liberalen Populismus versteckt wird, besteht darin, die Fundamente seiner eigenen Offenheit nicht selbst hervorbringen und die Folgen für Mensch und Welt nicht selbst bewältigen zu können. Die Kraft zur Integration setzt Subjekte voraus, die das Fremde nicht als Gefahr empfinden, sondern als Chance; die globale Integration der Menschen in die kapitalistische Ausbeutung produziert jedoch globales Elend und globale Naturzerstörung, die von derselben Logik nicht verhindert werden können. Weder die Hervorbringung integrationstauglicher Subjekte noch die Schlichtung globaler Verteilungskämpfe sind mit den Prämissen der offenen Gesellschaft zu bewerkstelligen.

Die offene Gesellschaft profitiert von einer paradoxen Subjektform, die aus einer Bildung folgt, die nicht nur kontingente Ereignisse produziert, sondern vor allem emotionale und theoretische Fundamente legt, die Vertrauen und Solidarität ermöglichen. In der postmodernen Kontingenz lässt sich nur angstfrei leben, wenn man ein Dach über dem Kopf hat, das Geborgenheit gibt. Dieses Paradox findet sich in jedem Sprechen wieder, das die Kategorien von Race und Gender zum Maßstab von Politik macht. Denn hier wird einerseits betont, dass diese Kategorien keine Natur sind, sondern nur die Folgen von gesellschaftlichen Zuschreibungen. Andererseits werden bestimmte Kategorien davon ausgenommen. Alle Opfergruppen sind zwar die Folge von Konventionen, die man ändern kann und muss, ihr Auftreten in der Öffentlichkeit gebietet jedoch eine absolute Anerkennung, die nicht dekonstruiert werden darf.

In einem sehr viel größeren Maßstab steht die offene Gesellschaft den Folgen der globalen Integration in die kapitalistische Ausbeutung paradox gegenüber, da die Brutalität der Konflikte robuste Handlungen benötigt, die mit den

Umgangsformen der offenen Gesellschaft scheinbar unvereinbar sind. Sie geschehen zwar in ihrem Namen, doch will sie damit nichts zu tun haben. Sowohl die Kraft zur Integration und Toleranz sind Produkte aus einem Außerhalb der offenen Gesellschaft wie auch die Gewalt, die die globale Ausbeutung produziert und für ihre Organisation benötigt. Die offene Gesellschaft ist eine privilegierte Lebensweise, die in einem Schonraum jenseits der realen Widersprüche geführt werden kann, die aber das brutale Außerhalb für den Wohlstand benötigt. Die Lüge der offenen Gesellschaft besteht darin, ihre Begründungsparadoxien zu leugnen. Sie ist stolz auf die zivilisatorischen Errungenschaften des Liberalismus und verdrängt die Kosten dieser Lebensweise radikal.

Eine besondere Zuspitzung erfährt dieses Paradox, wenn diejenigen, die am meisten von der offenen Gesellschaft profitieren, die heftigste Kritik an Ungleichheiten im Bereich der Diversität üben. Die Gewinner der offenen Gesellschaft, die der Populismus inzwischen die globalen Eliten nennt, sind diejenigen, die vollständig blind für die systemische Gewalt des Kapitalismus sind, aber hoch alarmiert reagieren, wenn sie eine Verletzung im Bereich der Diversität von Gender und Race entdecken. Die böse Folge des liberalen Paradoxes der offenen Gesellschaft zeigt sich darin, dass, je mehr sie von der Globalisierung profitiert, ihr Kampf gegen die Ungleichheit umso abstrakter wird. Das Mittel, das hierfür verwendet wird, ist die paradoxe moralische Kommunikation des Liberalismus, die zu einer Verdrängung der politischen Antagonismen führt. Dazu greift sie auf die Theorieangebote der Postmoderne zurück, die ein großes Arsenal von paradoxen und selbstreferentiellen Argumenten bereithalten.

Das postmoderne Denken hat die Lügen, aus denen der Schonraum besteht, endgültig zu einem hegemonialen Diskurs gemacht, indem es das Paradox der offenen Gesellschaft zu ihrer größten Kraft erklärt hat. Der theoretische Trick, der das leistet, besteht darin, dass im postmodernen Denken die realen Widersprüche geleugnet werden können, indem sie zu Problemen des Diskurses gemacht werden. Alles wird zu einer Frage der Interpretation und nichts ist mehr eine Frage der Realität oder der Macht und ihrer Interessen. Die Irrealisierung der Realität, die einst das Kennzeichen der Kunst war, wird zum bestimmenden Lebensgefühl, mit der das eigene Privileg vor jeder realen Konsequenz bewahrt wird. Das postmoderne Denken hat die Welt zu einem Chaos von postfaktischen Behauptungen gemacht, deren Konsequenzen nun vor allem der liberalen Vernunft größte Probleme bereiten. Die Ironie besteht darin, dass das postfaktische Zeitalter nicht mehr allein der liberalen Hegemonie dient, sondern in einer unerwarteten Wendung immer mehr dem rechten Populismus zuarbeitet. Wollte man ursprünglich durch die Vernebelung aller Widersprüche die linke Kritik aushebeln, so schlägt dieses gedankliche Chaos auf die Vernunftansprüche des Liberalismus zurück.

Indem die Kraft der dialektischen Aufhebung abgelehnt wurde, trat an ihre Stelle die allgemeine Forderung, dass nichts miteinander vergleichbar sein soll. Die intellektuelle und moralische Aufforderung „don't compare!" hat die Kritikfähigkeit weitestgehend zerstört. Wenn alles eine Ausnahme ist, wenn also die Einzigartigkeit des Individuums auf alle anderen Ereignisse und Beschreibungen übertragen wird, folgt daraus notwendig die Abschaffung von Kritik, die ein Muster hinter den Ausnahmen erkennen will.

Die Verflüssigung aller Verhältnisse und aller Theorien war das erklärte Ziel des liberalen Denkens. Und je verflüssigter Welt und Denken werden, desto ungehemmter können heute Verschwörungstheorien und postfaktische Behauptungen die öffentliche Meinung verunsichern, während im Hintergrund die Kräfte des Marktes und des Wettbewerbs ihre Ausbeutung betreiben. Die Intention des postmodernen Denkens, sich gegen eine Dialektik zu wenden, die den Antagonismus der Menschen und der Klassen begreifen wollte, entfaltet in der Kombination mit der neoliberalen Ökonomie seine brutale Wirkung. Was der Neoliberalismus beim Umbau der Märkte zur radikalen Form der Konkurrenz und Ausbeutung geschafft hat, hat das postmoderne Denken auf dem Gebiet des Denkbaren und Sagbaren vorbereitet. So wie auf den Märkten keine andere Wahrheit mehr gilt als die des ausgehandelten Preises, so gilt im postmodernen Denken keine andere Wahrheit mehr als die der ungreifbaren Ausnahme. So hat der Markt die Menschen und ihr Denken gefügig gemacht für die Globalisierung. Die Verwaltung solcher Gesellschaften übernimmt das biopolitische Regime. Seine Kennzeichen sind der freiwillige Zwang zur Selbstoptimierung und die Unsichtbarkeit der Macht, die sich hinter der Gouvernementalität und den liberalen Kommunikationsspielen versteckt hat.

Wie leben Egoisten mit Egoisten?

Eines der Rätsel unserer Gesellschaft besteht darin, dass wir alle glauben, für unser Leben verantwortlich zu sein, dass aber niemand ernsthaft glaubt, durch Egoismus eine bessere Welt oder gar ein geglücktes Leben erreichen zu können. Wir denken, handeln und fühlen als Egoisten und hoffen doch darauf, dass es irgendeine Instanz in unserer Umwelt gibt, die nicht ebenso egoistisch auf uns blickt. Man rechnet damit, dass der andere auf seinen Vorteil bedacht ist, und hofft zugleich, dass die gleiche Gier bei einem selbst nicht bemerkt wird. Die nüchterne Erkenntnis daraus lautet: Wir alle spielen Theater – nicht weil wir wollen, sondern weil wir müssen.

Die Behauptung des liberalen Milieus besteht nun darin, die Spiele der Ambivalenzen und Ausnahmen als Befreiungsbewegung zu feiern. Die Entwicklung der letzten Jahre hat jedoch zu einer Schieflage geführt. Denn je mehr sich die selbstoptimierenden Lebensweisen ausdifferenziert haben, desto weiter ist die Frage der sozialen Gleichheit aus dem Blick geraten. Der Abstand ist schließlich so groß geworden, dass die Eliten nicht mehr sehen, dass die allermeisten Menschen Globalisierung und Diversität nicht als Befreiung und Chance zu verspielter Mehrdeutigkeit erleben, sondern als Heimatlosigkeit, Ausbeutung und Schutzlosigkeit. Freiheit und Vielfalt steht über allen Projekten des Liberalismus, doch die Auswirkungen sind Unfreiheit und Angst für den übergroßen Teil der Menschheit.

Die Gestalt der Arbeit wurde dabei der radikalsten Veränderung unterworfen, indem die Subjekte nicht nur in den Prozess der Ausbeutung durch Entfremdung eingepasst werden, sondern indem jeder nun selbst die Verantwortung für seine Verwertbarkeit in der Ausbeutung übernehmen muss. Die Subjekte produzieren nicht mehr nur Waren, die ihnen nicht gehören, sie müssen auch sich selbst ständig so produzieren, dass sie als Ware einen Wert haben. Die Pointe dieser Entfremdung hoch zwei besteht darin, dass sie nicht nur von jedem Einzelnen geleistet werden muss, sondern dass jeder sie auch freiwillig leisten soll. Nur wer seine Arbeitskraft glaubwürdig verkörpert, ist eine wertvolle Arbeitskraft. Alle liberalen Forderungen nach Bildung erfüllen damit objektiv den Zweck, jeden Einzelnen zu zwingen, sich zu einer bestmöglichen Arbeitskraft zu entwickeln.

Der Ausweg, den die Entfremdung in vorbiopolitischen Zeiten suchte – man arbeitet, hat aber die Freiheit, vor sich selbst und seinen Genossen die Ausbeutung kritisieren zu dürfen –, ist nun verboten. Wer seine Arbeit kritisiert, kritisiert zuerst sich selbst. Denn was hat er falsch gemacht, dass er sich der Aufgabe so wenig gewachsen fühlt, und warum mutet er seinem Team und seinem Arbeitgeber eine so geschwächte Arbeitskraft zu? Heute wird man nicht mehr nur ausgebeutet, sondern man soll diese Ausbeutung auch selber wollen. Das Motto ist so einfach wie perfide: Sei ganz du selbst, aber genau so, wie die Arbeit es von dir verlangt.

Für einige der kreativen Berufe in den privilegierten Milieus mag es zutreffen, frei gewählte und eigenmotivierte Arbeit zu sein, für die meisten Menschen bedeutet das jedoch nur eine gesteigerte Form der Unsicherheit, die nicht zu einer weniger entfremdeten Arbeit führt, sondern vor allem die eigene Existenz prekär werden lässt. Denn über welche Freiheiten verfügt ein Mensch, dessen Arbeitskraft vollständig vernutzt wird und dessen Arbeitslohn doch nur zu einem Leben am Existenzminimum reicht?

Der Zwang zur Selbstoptimierung ist die postfordistische Variante des Fließbands, mit dem der Fordismus einst über den Widerstand des Arbeiters triumphierte. Im jeweiligen konkreten Arbeitsverhältnis realisieren sich die Direktiven aus der neoliberalen Ideologie und der Kollaboration, zu der jeder sich genötigt sieht. Diese Widersprüche hinter den kunstvoll und kompliziert errichteten Fassaden des Liberalismus zu begreifen, ist der erste Schritt, um in ihnen wieder die sozialen Konflikte zu erkennen, die andere Energien freisetzen als die der Selbstoptimierung.

War das bürgerliche Subjekt in der Moderne noch dazu gezwungen, seinen Egoismus hinter der Fassade der Moral zu tarnen, so ist der postmoderne Egoismus lange darüber hinaus. Er spielt nicht mehr Theater, sondern er performt sein Ego. Das bedeutet, dass seine Besonderheit in seinen Lebensäußerungen sichtbar werden soll und dass genau diese performativ hervorgebrachte Individualität der Ausweis seiner Produktivkraft ist. Die verborgene Lüge liegt also nicht mehr darin, dass ein Egoist sich moralisch tarnt, sondern sie liegt darin, dass jeder als Ausnahme anerkannt werden will, und dabei vergisst und vergessen lassen möchte, dass genau darin die von ihm verlangte Produktivkraft liegt. Egoismus ist in der Postmoderne keine moralische Kategorie mehr, sondern die notwendige Fokussierung auf das Ich: Alle sind einzigartig und jeder ist dabei mit sich allein.

Der blinde Fleck des Liberalismus

Der liberale Populismus ist der Politikstil, der die Paradoxien der offenen Gesellschaft unsichtbar macht. Der liberale Populismus scheint in der Merkelschen Ausprägung vor allem durch die Kombination des biopolitischen Regimes mit der Austeritätspolitik erfolgreich zu sein. Die biopolitischen Regeln werden nicht nur in den alltäglichen Lebenskämpfen eingeübt, sondern sie funktionieren vor allem darum so gut, weil die gesellschaftlich fortschrittlichen Kräfte die Verbesserung des Lebens in der Stärkung persönlicher Rechte und Ansprüche sehen. Solange die Ansprüche des Egos befriedigt werden, gerät die strukturelle Gewalt der Eigentumsverhältnisse aus dem Blick. Je dichter die Fassade der biopolitischen Perfektionierungen wird, desto weniger ist ein Blick auf die dahinter versteckte Gewalt möglich. Darum ist der Fortschritt aller identitätspolitischen Bewegungen, die für die Rechte z. B. von Minderheiten eintreten, weniger eindeutig gut, als es von dieser Seite behauptet wird. Das Problem an der Identitätspolitik ist nicht, wie der Rechtspopulismus behauptet, dass damit womöglich zu viel symbolische Macht in die Hände von Randgruppen gerät und die angestammten Machthaber aus der Mitte der Gesellschaft verdrängt werden. Diese Umverteilung wäre aus linker Perspektive ein begrüßenswertes Ziel. Das Problem liberaler Identitätspolitik ist deutlich komplizierter.

Die Erfolge auf diesem Gebiet sind vergleichsweise leicht zu erringen, wenn eine Mehrheit bereits nach biopolitischen Selbstoptimierungsstrategien ihr Leben gestaltet. Wenn jeder sein Ich zum Zentrum der Aufmerksamkeit macht, gibt es keinen sinnvollen Widerstand gegen andere partikulare Ansprüche. Das Problem entsteht aus der politischen Intention der Biopolitik selbst. Sie arbeitet an der Perfektionierung des Selbst und blendet die strukturellen Machtverhältnisse aus, indem sie den Widerspruch der Klassen durch das mikropolitische Miteinander autonomer Subjekte ersetzt. Damit bringt die Identitätspolitik eine Fülle von einzelnen Konfliktlinien hervor, hinter deren öffentlicher Dauerpräsenz die großen Verteilungskämpfe verschwinden.

Wenn heute gegen strukturelle Gewalt gekämpft wird, dann nur noch in der symbolischen Ordnung wie etwa im

Diskurs der Political Correctness. Mit seinen Sprachspielen sind aufgeregte Diskussionen im akademischen Feld über Nuancen der Diskriminierung möglich, aber eine schlagkräftige Beschreibung der Klassenverhältnisse wird damit gerade verhindert. Die Debatten um identitätspolitische Emanzipation sind, so wichtig sie für den Einzelnen sein mögen, gefährlich für die Kraft zur solidarischen Haltung. Sie fesseln die kritische Aufmerksamkeit an die partikularen Interessen und provozieren dadurch empörte Diskurse, die eine Tendenz zur übertriebenen Kritik haben. Sie verschleiern aber gerade in ihrer Bereitschaft zur Empörung die tatsächliche Gewalt, die in den Eigentumsverhältnissen liegt.

Der blinde Fleck der Identitätspolitik ist ihr fehlendes Klassenbewusstsein. Durch diese Lücke schlüpft der Teufel einer neoliberalen Vereinnahmung. Globale Konzerne sind gerne bereit, den Forderungen aller Minderheiten nachzukommen, solange sie damit die Frage nach den Eigentumsverhältnissen vermeiden können und weiterhin Menschen in Billiglohnländern ausbeuten dürfen.[24] Die alte linke Forderung: „Against the bosses and for the black", wurde von den Rechtspopulisten enteignet und zu einem „Against the bosses and against the black" gemacht. Diese Aussage muss von einer linken Kritik zurückerobert werden, ohne in die Falle der identitätspolitischen Konflikte zu gehen. Die Forderung für globalisierte Gesellschaften kann daher nur lauten: „Against the bosses and for the people!" Andernfalls bleiben die Auswirkungen auf die linken Theoriedebatten und Themen so fatal, wie es David Harvey feststellt: „Die Unterdrückung kritischer und radikaler Theorieströmungen – oder präziser, die Einzäunung der Radikalität in die Grenzen von Multikulturalismus, Identitätspolitik und ‚cultural choice' –

hat nicht nur im akademischen Leben zu dieser beklagenswerten Situation geführt. [...] Es hilft nichts, weiter an postmodernen und poststrukturalistischen Ideen festzuhalten, die das Partikulare auf Kosten des Nachdenkens über das große Ganze feiern."[25]

Der blinde Fleck der liberalen Ideologie ist ihr notwendiger Egoismus. Und Egoisten leben mit anderen Egoisten, indem sie sich auf die postmoderne Zersplitterung verlassen und ansonsten ihr Leben als Aneinanderreihung von Zitaten und Herausforderungen führen. Was für eine großstädtische Elite Genuss sein mag, ist für die meisten Menschen eine Zumutung.

Eine Elite, die die freischwingenden Ambiguitäten ihres Lifestyles zelebriert und allen anderen mit dem Hochmut des Globalisierungsgewinners entgegentritt, provoziert einen sozialen Widerspruch, den sie selber nicht mehr im Bastelstübchen der Doppeldeutigkeiten auflösen kann. Heute steigert sich der Kampf der Anteilslosen gegen die Bevormundung der postmodernen Virtuosen, die jedes Begehren nach Sicherheit als vormodern und faschistisch ablehnen, zu immer radikaleren Protesten. Die postmoderne Elite hat gelernt, ihren Egoismus gewinnträchtig einzusetzen, indem sie ihn als raffiniertes Spiel der Zeichen und Identitäten tarnt. Treten die Konsequenzen ihres Lebens einmal in Erscheinung, so wird sie notwendig zum Feind für alle davon Ausgeschlossenen und ihre Forderungen nach biopolitischer Vielfalt werden als Genussmittel ihres Egoismus entlarvt. Der Gestus, mit dem die offene Gesellschaft alles vereinnahmen will, wird zum Symbol ihrer Herrschaft, die schon allzu lange mit dem Kapital gemeinsame Sache macht. Für immer mehr Anteilslose erscheint der Rechtspopulismus als die letzte Chance, um die unsichtbaren Machtverhältnisse des Liberalismus noch angreifen zu können.

Das Erschrecken der liberalen Eliten vor genau diesen Angriffen gibt allen Populisten recht, denn zum ersten Mal seit langer Zeit werden die Interessen der Macht hinter ihrer Tarnung sichtbar. Das Erschrecken der offenen Gesellschaft vor dem Auftritt der Ausgeschlossenen zeigt, dass ihre Offenheit ein Privileg für Gewinner ist. Ihre Offenheit wird durch die paradoxen Kommunikationsspiele abgeschirmt und schließt damit gerade die Anteilslosen aus.

Wie der Liberalismus die Freiheit verkauft

Das biopolitische Regime feiert seine Erfolge beim liberalen Bürgertum insbesondere damit, dass es sich vorbildlich für alle Ausnahmen des Lebens einsetzt. Biopolitik heißt für die Gewinner der Gesellschaft: Sorge ums eigene Dasein und Freiheit in der Selbstverwirklichung, oder wie es der grüne Ministerpräsident von Baden-Württemberg auf den Punkt gebracht hat: Schwarz-grün wäre das beste Ergebnis bei der kommenden Bundestagswahl. Die Grünen sorgen sich um Freiheit und Individualismus und die CDU um die innere Sicherheit. Aus der Perspektive des Eigentümer-Subjekts sind das die drei wesentlichen Aspekte für ein schönes Leben, das schon Thomas Mann treffend als „machtgeschützte Innerlichkeit" beschrieben hat.

Im blinden Fleck des Selbstgenusses sind die Außenstehenden und der egoistische Begriff von Freiheit verschwunden. Die Verdrängung der Außenstehenden und die Verdrehung des Freiheitsbegriffs sind das ideologische Fundament der Biopolitik, deren Auswirkungen Johannes Simon an einem Beispiel aus den USA[26] mit einer überraschenden Pointe analysiert hat.

In North Carolina war vor einiger Zeit ein landesweit ausgetragener Streit über die Toilettenbenutzung von transidenten Menschen entbrannt. Hollywoodprominenz und andere Eliten zeigten sich empört, dass es hier zu Diskriminierung kommen sollte. North Carolina ist seit der gewonnenen Wahl von 2012 das Aufmarschgebiet für den reaktionärsten Flügel der Republikaner, der dort seine üblichen Schockstrategien anwendet. Die Pointe bei der Aufregung um die Toilettenbenutzung besteht nun darin, dass ein Staat, der Fracking erlaubt, das öffentliche Schulsystem und die Universitäten kaputt gespart hat, der ein Wahlgesetz eingeführt hat, das ärmere Menschen systematisch benachteiligt, nun ein Gesetz erlässt, aus dem eine vergleichsweise harmlose Diskriminierung folgt. Der Aufschrei ist aber bei den kulturellen Eliten plötzlich so gewaltig, dass dieser Teil neokonservativer Politik landesweit diskutiert und das Gesetz wohl wieder zurückgenommen wird. Die Empörten sind so begeistert von ihrem Erfolg, dass sie die anderen Teile des Gesetzes dabei übersehen haben: Beamten wird das Recht genommen, gegen Diskriminierung zu klagen, lokalen Regierungen wird verboten, Kinderarbeit zu regulieren, und die Einführung des Mindestlohns wird verhindert.

Es ist bei diesem Beispiel nicht schwer, die Kollaboration zwischen der öffentlichen Empörung und dem brutalen Durchsetzen von neoliberalen Gesetzen zu sehen. Betrachtet man die verbreitete Zusammenarbeit im Cultural War, so kann man von einem linken Flügel des Neoliberalismus sprechen.[27] Die aufgeregte Diskussion über einen Sonderbereich der Diskriminierung erfüllt genau den Zweck der moralischen Panik, die die notwendige Ablenkung produziert, um die ökonomischen Eingriffe überhaupt erst möglich zu machen. Die linksliberale Empörung dient als Täuschungsangriff und ihre Schuld besteht darin, zu verleugnen, dass sie diese Funktion im Neoliberalismus hat. Die Freiheiten, die das Räderwerk des Neoliberalismus zugesteht, sind immer schon solche Freiheiten, die marktkonform sind oder vom Markt vereinnahmt werden können. Im schlimmsten Fall sind sie jedoch ein Feigenblatt, das die realen Interessen verbirgt. Wenn das linke Denken endlich begreifen würde, dass die Freiheiten im Neoliberalismus die gesteigerte Form einer Entfremdung sind, da sie die Freiheit des Menschen nicht als absolutes Recht begreifen, sondern als Indikator seines Wertes auf dem Markt, könnte es seine Kollaboration bei diesem Umbau vermeiden.[28]

Konzerne wie Google und Co. sind natürlich für eine nicht-rassistische Personalpolitik, da sie aus dem globalen Pool der Arbeitskräfte die Besten rekrutieren und außerdem ihre Produkte in allen Ländern verkaufen wollen. Eine solche Diversität ist nicht mehr als eine moralisierende Propaganda für die Grenzenlosigkeit der Interessen des Kapitals. Wenn diese Interessen also Nationalismus oder gar Rassismus anklagen, sollte die linke Öffentlichkeit nicht darauf hereinfallen, denn in der Logik der Globalisierung bedeuten diese Vorwürfe immer: Die Gewinne des grenzenlosen Kapitals sind in Gefahr.

Würde man die gewinnträchtigen Spiele der Diversität als Trick durchschauen, könnte man die richtigen Fragen stellen: Wenn das Kapital es wirklich ernst meint mit der Gleichheit, warum zahlt es dann seinen Mitarbeitern nicht das gleiche Gehalt, warum verdienen Frauen noch immer weniger als Männer und Chefs so viel mehr als alle anderen? Warum kommt der größte Teil des Gewinns nicht den Arbeitern zugute, sondern fließt in die Taschen des Kapitals? Solange die Gleichheit nicht konkret realisiert ist, sollte sich niemand von einer Diversität täuschen lassen, die das Kapital nichts kostet und deren Kosten allein die Arbeitenden tragen müssen, da sie nun im Wettbewerb auf einem globalen Markt bestehen müssen.[29]

Merkel muss weg!
Aber aus anderen Gründen, als Sie glauben.

An einem strittigen Beispiel aus der jüngsten Vergangenheit kann die Wirkungsweise des liberalen Populismus gut erkannt werden. Wie hat es eine CDU-Bundeskanzlerin geschafft, dass ihre Politik seit dem Herbst 2015 als links bewertet wird?

Der Spin konnte funktionieren, weil alle politischen Orientierungen inzwischen auf einer doppelten Wahrheit beruhen, die mit dem Begriff der Postpolitik oder der Postdemokratie bezeichnet werden. Das Kennzeichen einer solchen Regierung ist, nicht wie Herrschaft zu wirken. Und die beste Tarnung besteht darin, biopolitische Regulierungen des Alltags vorzunehmen, die den Prämissen der Identitätspolitik folgen, und gleichzeitig Entscheidungen zu treffen, deren ökonomische Interessen als notwendige Folge von Sachzwängen verkleidet werden.

Die Besonderheit der Merkelschen Politik besteht darin, dass biopolitisch verständliche und pragmatische Regeln formuliert werden, während auf der Seite der ökonomischen Interessen eine antisoziale Politik gemacht wird. Die öffentliche Verwunderung, dass die CDU eine immer linkere Politik macht, ist der Ausdruck dafür, dass dieses Doppelspiel gut zu funktionieren scheint. Man sagt europäische Einheit und betreibt eine Austeritätspolitik, die die meisten Mitgliedsländer in eine Schuldenkolonie der deutschen Wirtschaft verwandeln. Man sagt Willkommenskultur und verschiebt das Problem der Migration an die Grenzen von Europa, von wo die hässlichen Bilder die moralischen Deutschen weniger erreichen. Man sagt Modernisierung der Gesellschaft und kann dann Streikrechte beschneiden und die Erbschaftssteuer immer reichenfreundlicher gestalten. Man sagt europäische Solidarität und kann die letzten Schritte der neoliberalen Schockstrategie gegen die griechische Gesellschaft vollziehen. Man zeigt sich als guter Mensch und lässt andere dafür leiden oder die Drecksarbeit machen.

Biopolitisch agiert man umso fortschrittlicher, je brutaler der Umbau der ökonomischen Verhältnisse in Europa vorangeht. Von einer erschreckenden politischen Naivität zeugt, wie weit unter dem Niveau der Merkelschen Machtpolitik ihre politischen Gegner operieren. Wenn hunderte Künstler ihr im Herbst 2015 rote Rosen für ihre Willkommenskultur schicken und diese Künstler sich zugleich als links und kritisch gebärden, kann einem schon bange werden um die Qualität der Kunstwerke dieser objektiv unkritischen und nicht linken Künstler. Wenn selbst Abgeordnete der Linkspartei meinen, man dürfe Angela Merkel nicht kritisieren, weil man dann nur dem Rechtspopulismus in die Hände spiele, kann man nur hoffen, dass diese Abgeordneten schnell aus der Linkspartei austreten und in die CDU wechseln. Und wenn die vehementeste linke Kritik an Angela Merkel darin besteht, dass sie noch immer nicht das Adoptionsrecht für gleichgeschlechtliche Paare eingeführt hat, und zugleich ein grüner Ministerpräsident bekennt, jeden Morgen für Angela Merkel zu beten, könnte auch der letzte Wähler verstanden haben, dass 2017 eine schwarz-grüne Koalition den biopolitischen Wunschtraum wahrmachen will.

Denn die einzige Partei, die den Merkelschen Trick noch virtuoser beherrscht, sind selbstverständlich die Grünen. Was die FDP für die soziale Marktwirtschaft war, sind die Grünen für das Zeitalter des liberalen Populismus. Veggie-Day statt Umverteilung, Biogemüse statt der Enteignung von Agrarkonzernen, die Afrika kolonialisieren, Political Correctness statt Klassenkampf, alle biopolitischen Reformen gleichen sich in einem Punkt: Sie behandeln die Menschen als Lebensschüler, denen in einer guten Welt das richtige, nachhaltige Verhalten beigebracht werden muss. Und jeder Schüler, der gegen die Selbstoptimierung aufbegehrt, gilt in dieser Logik als gefährlicher Spinner, der sich im Geheimen einen neuen Hitler wünscht. Denn es gilt das liberalpopulistische Dogma: Alles, was nicht postmodern vervielfältigt ist, steht mit einem Bein im Faschismus.

Nicht das System hat Schuld, sondern immer nur der Einzelne. Und so müssen alle Verbesserungen der Gesellschaft von ihm ausgehen. Kauft er weniger böse Lebensmittel, können die Biobauern besser leben. Mit einer Veränderung der Agrarsubventionen muss man sich dann nicht mehr herumärgern, denn das regelt nun der Markt. So wirkt das linksliberale Milieu ganz handfest an der neoliberalen Ideologie mit. Alle seine Anstrengungen, um die von den ökonomischen Verhältnissen produzierten Verwerfungen durch begütigende Bildung wieder zu heilen, unterstützen objektiv die bestehende Ausbeutung. Das linksliberale Milieu ist die beste

Reparaturkolonne, die der Neoliberalismus hat. Sie kittet nicht nur die Risse, sie ist auch überzeugt davon, dass sich in jedem Riss der Faschismus einnistet. Sie tut nicht nur ihre Arbeit, sie ist auch zutiefst überzeugt davon.

Dass Bündnis 90/Die Grünen inzwischen nach der FDP die Wähler mit dem höchsten Durchschnittseinkommen haben und der bevorzugte Koalitionspartner von CDU wie SPD sind, zeigt, wie sicher die biopolitische Macht im Sattel sitzt. Und wie verzweifelt die FDP den Anschluss sucht, zeigt, wie weit die wirtschaftlichen Fragen aus dem Fokus gerückt sind, für die sie einst Kompetenzen reklamierte. Doch der eigentliche Verlierer dieser Revolution ist natürlich die alte Sozialdemokratie. Ihre Forderungen sind so gut wie realisiert und man könnte sagen, ihre historische Mission sei erfüllt. Doch es ist leider etwas komplizierter. Denn ihre Forderungen nach einem guten Leben für die normalen Menschen sind natürlich völlig anders erfüllt worden, als sie es einst gedacht hat. Die untere Hälfte der Einkommens- und der Arbeitsverhältnisse hat sich extrem gespalten. Der kleinere Teil hat sich der Mittelschicht angeschlossen und kann nun ebenso gut Grüne oder CDU wählen, der andere Teil ist in prekäre Verhältnisse abgerutscht und muss die Folgen erleiden, die die SPD-Reformen der Agenda 2010 verursacht haben. In der Mitte kuscheln nun die biopolitischen Parteien und die FDP versucht, verspätet Anschluss zu finden. Die unteren vierzig Prozent, die über keinerlei Besitz verfügen, können zwischen einer Linkspartei wählen, die allzu häufig gerne eine rote Variante der Grünen wäre, und der neu entstandenen AfD, die dem Überdruss an der Alternativlosigkeit eine Stimme im falschen Ressentiment gibt und ansonsten Politik für die Besserverdienenden machen möchte.

LINKER POPULISMUS

Die Tragödie des Populismus

Die liberalen Gesellschaften befinden sich spätestens seit dem Wahlsieg von Donald Trump in einer tragischen Situation. Sie sind stolz auf ihre Werte und sehen sich selbst als moralische Instanz. Zugleich müssen sie realisieren, dass ihre größten Feinde nicht mehr nur totalitäre Ideologien oder fundamentalistische Religionen sind, sondern auch ihre Einwohner. Es muss also ziemlich viel schiefgelaufen sein, wenn sich immer mehr Menschen in immer schnellerem Tempo von den Vorzügen einer offenen Gesellschaft verabschieden.

Die Angriffe des rechten Populismus haben an dieser Entwicklung einen großen Anteil, weil sie nicht nur auf die Werte des Liberalismus zielen, sondern vor allem auf die Kommunikationsform, die im vorigen Kapitel als liberaler Populismus untersucht wurde. Indem der rechte Populismus auf beiden Ebenen zugleich angreift, verliert die paradoxe Selbstverteidigung des Liberalismus immer schneller ihre Überzeugungskraft. Ihre Methode, sich selbst als interessenlose Vernunft zu inszenieren und die systemischen Ursachen der Ungleichheit hinter subjektiven Kompetenzen zu verstecken, funktioniert immer weniger, je öfter Menschen bemerken, dass es sich dabei um eine raffinierte Propaganda für das Kapital handelt. Dabei verfolgt der rechte Populismus die immer gleiche Strategie, mit seinen emotionalen Angriffen Unruhe zu erzeugen, wodurch das liberale Milieu nervös wird und dabei mehr von sich preisgibt als ihm lieb ist. Der tragische Konflikt zwischen rechtem und liberalem Populismus besteht heute darin, dass der rechte Populismus die liberale Moral und seine Gewalt des besseren Arguments mit Mitteln angreift, die die Moral und das bessere Argument unterlaufen. Er trifft, ohne es tatsächlich in Begriffe bringen zu können, den Kern der neoliberalen Ideologie, weil er sich nicht an dessen Sprachspiele und Werte hält. Ein solcher Konflikt ist tragisch, weil seine Parteien sowohl was ihre politischen Inhalte betrifft wie auch in der Art der öffentlichen Meinungsäußerung in verschiedenen Welten leben. Der rechte Populismus will die Widersprüche des Liberalismus nicht aufheben, sondern er betreibt tatsächlich seine Zerstörung. Und die Verteidigung des Liberalismus verliert, je vehementer sie sich den Angriffen entgegenstellt, immer mehr von ihren Werten und ihrer Überzeugungskraft. Es scheint so, als rächten sich seine jahrzehntelange Kollaboration mit den Interessen des Kapitals und seine paradoxen Manöver, das zu verschleiern. Der rechte Populismus ist zwar wirkungsvoll, doch seine Treffer sind ungenau und zerstören nicht selten die wenigen noch verbliebenen sinnvollen Eigenarten des Liberalismus.

Die aus linker Sicht tragische Pointe besteht darin, dass zum ersten Mal seit 1989 das neoliberale Regime ins Wanken gerät, aber die Kräfte, die dieses erreicht haben, keinerlei Interesse erkennen lassen, die ökonomischen Gesetze zu verändern, sondern allein ihren Hass auf die liberale Lebensweise ausagieren wollen. So verhindern rechter wie liberaler Populismus aus entgegengesetzten Gründen den einfachen Gedanken, dass die materiellen Lebensbedingungen die Grundlage für ein moralisches und menschenwürdiges Leben sind. Stattdessen verstricken sich beide Seiten immer weiter in einen Kampf, der einen tragischen Verlauf zu nehmen droht. Wenn der Liberalismus nicht nur für die Reichen gerettet werden soll, muss er eine Revolution erfahren, die ihn nicht nur von den rechten Populisten, sondern auch von der Herrschaft des Kapitals befreit. Doch es gehört zum Wesen der Tragödie, dass die verwickelten Parteien ihren eigenen blinden Fleck nicht sehen können. Es ist also höchste Zeit, die Dialektik der gesellschaftlichen Kräfte zu erkennen und einzusehen, dass nur eine materialistische und dialektische Analyse die Tragödie von Kapitalismus und Faschismus verhindern kann.

Der Egoismus der Intellektuellen und die Angst der Linken

Eine dialektische und materialistische Analyse könnte die Ideologie unserer Zeit begreifbar machen, so wie die Marxisten des 19. Jahrhunderts die Lüge der bürgerlichen Klasse enttarnt hatten. In den Dramen Henrik Ibsens konnte z. B. das einmal durchschaute Bürgertum für alle sichtbar vorgeführt werden. Hier ringen erfolgreiche Bürger um moralische Integrität und kämpfen gegen ihre Leichen im Keller. Gerade aufgestiegen, droht ihnen schon wieder der Abstieg, da ihr Eigentum auf Lügen basiert. Die Zuschauer verstanden, dass in einem kapitalistischen System nur der Erfolg hat, der über Leichen geht, und nur der erfolgreich bleibt, der seine unmoralischen Taten am besten zu verstecken weiß. Das ökonomische System produziert notwendig ein schuldiges Handeln und es gibt keinen unschuldigen Reichtum, da das Kapital des einen die Schulden oder der vorenthaltene Lohn des anderen sind. Die mit viel Energie betriebene Lebenslüge der bürgerlichen Klasse besteht darin, vor sich selbst und der Welt ein moralisch integres Leben vorzutäuschen, obschon man egoistisch von der Ungleichheit profitiert.

Das neoliberale Regime hat zu diesem Widerspruch die charakteristische Wendung der Postmoderne hinzugefügt. Zwar gilt noch immer, dass die ökonomischen Bedingungen ein schuldiges Handeln notwendig voraussetzen. Doch ist diese Schuld vollständig in den Bereich des Nichtmenschlichen verbannt worden. Heute lebt das liberale Bürgertum in der Illusion, dass der Kapitalismus seine bösen Seiten haben mag, doch der Einzelne in ihm durch reflektiertes Handeln unschuldig bleiben kann. Die ideologische Basis für die Verdrängung besteht darin, dass sich der Einzelne nicht mehr als Teil einer Klasse versteht, sondern als ein unvergleichliches Subjekt, das vor allem mit sich selbst in einem Rechtfertigungsdialog steht. Dieser wird dann in der Form eines naiven magischen Denkens geführt: Ich benutze zwar ein Smartphone, für dessen Produktion Sklaven in Afrika seltene Erden abbauen, Arbeiter in China zu Hungerlöhnen schuften und die Natur zerstört wird, aber da ich dieses weiß, ist meine Schuld durch Selbstreflexion gemildert.

Die Folge einer solchen Selbstbeschwichtigung besteht darin, dass jeder bereitwillig seine Leichen im Keller zugibt, aus diesem Bewusstsein aber nicht nur keinerlei Handlungen folgen, die an der Notwendigkeit der Schuld etwas ändern würden, sondern die Selbstwidersprüchlichkeit der eigenen Existenz zum Ausweis einer besonders moralischen und erfolgreichen Biografie wird. Je reflektierter das Subjekt seine Widersprüche als unlösbare Paradoxien offenbart, desto wertvoller erscheint es im liberalen Diskurs. Ibsens Bürger hatten noch ein schlechtes Gewissen, das sie verstecken wollten, die Bürger der Postmoderne sind stolz darauf, ein schlechtes Gewissen zu haben, das sie gewinnbringend herumzeigen können.

Die letzte Wendung in diesem Selbstbetrug hoch zwei besteht in der propagandistischen Meisterleistung des liberalen Populismus, der die Selbstverzauberung aller individuellen Ansprüche öffentlichkeitswirksam unterstützt. Jedes subjektive Begehren kann nun eine allgemeine Anerkennung beanspruchen und jede Kränkung des lieben Ichs ist Ursache für vehemente Beschwerden. Die ökonomischen Privilegien des Besitzindividualisten finden ihre Krönung im moralischen Diskurs der Political Correctness. Dessen größter Nutzen ist, dass seine moralische Überheblichkeit der Schutzschild für die Ausbeutung ist, die auf seiner Rückseite versteckt wird.

Heute wächst der Protest gegen einen Liberalismus, der die Gewinner auch noch zu den moralisch besseren Menschen macht. Die erste Folge dieser Angriffe besteht darin, dass sich die liberale Klasse in zwei Lager teilt. Die einen verteidigen ihre Privilegien, indem sie weiterhin ihre moralische Höherwertigkeit behaupten. Ihr Kampfruf lautet: Gebt Faschisten und Rassisten keinen Raum! Lasst uns die offene Gesellschaft gegen alle Feinde abschotten! Der Widerspruch ist so offensichtlich verzweifelt, dass sich immer mehr dem zweiten Lager zuwenden. Hier wird die Frage gestellt, welchen Anteil die liberalen Schichten an der großen Ungleichheit haben.

Damit könnte die Stunde der linken Kritik gekommen sein. Doch leider muss man feststellen, dass sie nicht nur den

Bankencrash, die anschließende Weltfinanzkrise und die Austeritätspolitik der deutschen Regierung verschlafen hat, sie verpasst gerade auch diese Lücke, die sich im Bollwerk des liberalen Populismus auftut. Das bürgerliche Lager serviert seine Widersprüche auf dem silbernen Tablett und die Linken können sich nicht entscheiden, ob sie geschlossen in die CDU eintreten, weil sie Angela Merkel so toll finden, oder sich in die letzte Verästelung des Gendermainstreamings verflüchtigen.

Die Linken sitzen offensichtlich in einem Kerker, den das postmoderne Denken für sie gebaut hat. Ob die Dekonstruktion linken Denkens in der Realität tatsächlich so planvoll ablief, wie der französische Soziologe Didier Eribon in seinem Buch „D'une révolution conservatrice" beschrieben hat oder nicht, seine Zuspitzung bringt die Dimension des Problems auf den Punkt: „In den Achtzigern haben linke Neokonservative mit Investorengeld Konferenzen organisiert, Seminare gegeben und mediale Debatten angezettelt mit dem Ziel, die Grenze zwischen rechts und links zu verwischen. Das war eine konzertierte Kampagne. Sie wollten all das abschaffen, worauf sich linkes Denken gründet: den Begriff der Klasse, die soziale Determination, die Ausbeutung der Arbeitskraft etc. Heute sehen wir, dass sie zum größten Teil erfolgreich waren."[30]

Die zentrale Frage für unsere Zeit lautet also, wie das linke Denken sich aus dieser Gefangenschaft befreien kann und wie es zu einem Klassenbewusstsein kommt, das zur Grundlage für linke Politik werden kann. In seinem erst jüngst auf Deutsch erschienenen Buch „Rückkehr nach Reims" hat Eribon dazu wichtige Hinweise gegeben. Er beschreibt hierin seine Biografie als die eines organischen Intellektuellen, der durch zahlreiche Entfremdungen geführt wird und am Ende zu der Frage kommt, welche Mitschuld seine intellektuelle Arbeit gegen Diskriminierung an dem Erstarken der Rechten in Frankreich haben könnte. Konkret entzündete sich diese Selbstbefragung an seiner eigenen Familie, die zur Arbeiterklasse gehörte, naturgemäß in den 1960er Jahren sozialistisch wählte und inzwischen fast geschlossen für den Front National stimmt. Zugespitzt stellt er die Frage, ob die Beschäftigung mit den Fragen von Gender und Race, die nicht selten wie in seinem Fall auch durch ein eigenes Interesse motiviert waren, den Klassenkampf vernachlässigt hat. Folgt man diesem Gedanken, findet man immer mehr Hinweise darauf, wie die Arbeiterklasse von den postmodernen Intellektuellen verraten und damit der rechten Vereinnahmung überlassen wurde. Je uncooler der Klassenbegriff wurde, desto weniger intellektuelle Fürsprecher wollten für die Sache der Arbeiter kämpfen.

Als wäre dieser Verrat nicht schon Ursache genug für den Aufstieg rechter Parteien, drehten die postmodernen Intellektuellen noch eine weitere Pirouette. Im Repräsentationsdiskurs, der als Teil der Political Correctness geführt wird, gilt das Sprechen für einen anderen als besonders großes Vergehen. Man hatte sich also nicht nur von der sozialen Frage verabschiedet, man hatte gleich auch noch die Begründung mitgeliefert, warum es falsch ist, wenn Intellektuelle die Position der Arbeiterklasse vertreten. Der postmoderne Spin war konsequent vollzogen, als Entfremdung plötzlich Freiheit bedeutete und Ausbeutung eine Interpretationsfrage geworden war. Konkret folgte für die Intellektuellen daraus der Freifahrtschein, sich nur noch mit der eigenen Positionierung im Diskurs beschäftigen zu dürfen und diese Selbstbezogenheit als fortschrittliche Theorie zu propagieren. Die

Eliten hatten sich eine dekonstruktivistische Tarnkappe gehäkelt, unter der sie ihren Egoismus als Selbstreferenzialität ausgeben konnten, die bekanntlich der größte Clou der Postmoderne ist.

Die Auswirkungen sind bis in die letzten Poren des liberalen Milieus eingedrungen und folgerichtig bricht nun der Hass der davon Ausgeschlossenen in allen Bereichen der Gesellschaft aus. Wer aus dem intellektuellen Lager heute noch ernsthaft meint, dass seine moralisch auftrumpfende Selbstbeschäftigung nichts mit dem wachsenden Hass zu tun hat, der klammert sich mit blinder Verzweiflung an seine Privilegien. Und wieder stellt sich die Frage: Wo ist das linke Denken, das die Kerkermauern der postmodernen Selbstreferenzialität aufsprengt? Wo könnten die organischen Intellektuellen unserer Zeit sein?

Im notwendigen Kampf gegen die rechten Populisten fehlt die Kraft des Linkspopulismus. Nun rächt sich, dass der Liberalismus den Linken diese Waffe aus der Hand geschlagen hat, indem er unaufhörlich sein Mantra wiederholt hat, nach dem es falsch sein soll, individuelle Not als Klassengegensätze zu formulieren. Die Linken stehen damit heute in Deutschland als einzige politische Kraft da, die über keine eigene populistische Anrufung verfügt. Stattdessen sind sie zum nörgelnden Anhängsel einer bürgerlichen Hegemonie degradiert worden.

Die Schwäche der Linken resultiert vor allem daraus, dass sie von einer übermächtigen Angst vor dem Volk und seinen Anrufungen gelähmt sind. Das Volk ist ihrer Meinung nach sowohl als Begriff wie als mögliche Realität immer rechts. Es ist national orientiert und meistens rassistisch. Dass in ihrer angstbesetzten Fantasie des Volkes sich vor allem diejenigen zusammenfinden, die vom bürgerlichen Liberalismus ausgeschlossen worden sind, und dass deren rechte Gesinnung auch aus der Instrumentalisierung der Rechten folgt, wird von der linken Analyse nur unzureichend gesehen.

Ebenso wenig scheinen die Linken die zwei Wurzeln des Populismus in ihrer historischen Entwicklung zu begreifen. Die antagonistische Zuspitzung und der fundamentalistische Wahrheitsanspruch haben in der Postmoderne die entscheidenden Veränderungen erfahren, die sich heute im rechten und liberalen Populismus zeigen. Der dialektische Antagonismus von Kapital und Arbeit wurde von den Rechten zu einem diffusen, meist national oder rassistisch begründeten Wir/Sie-Gegensatz eingestampft. Und der Wahrheitsanspruch der materialistischen Weltanschauung wurde vom liberalen Populismus zur Alternativlosigkeit einer marktkonformen Politik verdreht und vom rechten Populismus zur völkischen Ideologie herabgestuft.

Die Linke hat Angst vor ihrer eigenen Weltanschauung bekommen, mit der sie die Ungleichheit und ihre Ursachen öffentlich zuspitzen könnte, da sie die populistischen Mittel nur noch in den Händen ihrer Gegner sieht. Was kann sie also tun, um ihre Angst vor dem Volk zu überwinden und einen linken Populismus zurückzuerobern, der die Wahrheit der Dialektik und den Antagonismus von Kapital und Arbeit wieder zur treibenden Kraft gesellschaftlicher Veränderungen macht? Oder anders gefragt: Wie können egoistische Intellektuelle wieder einen Klassenstandpunkt bekommen?

Die Krise des organischen Intellektuellen

Dem organischen Intellektuellen wird von Antonio Gramsci eine wichtige Funktion im Klassenkampf zugeschrieben. Er beobachtete schon in den 1920er Jahren, dass der Klassenkampf nicht mehr nur direkt zwischen Arbeitern und Kapitalisten ausgetragen wird, sondern sich in den Bereich der symbolischen Ordnung verlagert hat. Die öffentliche Meinung wird durch Informationen, Narrationen und Theorien dahingehend geformt, dass sie die kapitalistische Ökonomie als einzig vernünftige Ordnung für egoistische und faule Menschen anerkennt. Dadurch rückt die systemische Ungleichheit aus dem Fokus der politischen Debatte, da sie durch individuelle Qualifikationen begründet scheint. Wer reicher ist, ist wohl gebildeter, ehrgeiziger und fleißiger als die anderen. Sein Reichtum ist nicht die Folge von Erbschaft oder ungleichen Machtverhältnissen zwischen Kapital und Arbeit, sondern ein subjektiver Verdienst.

Gramscis zutreffende Folgerung besteht darin, dass eine andere Ökonomie erst dann möglich ist, wenn die Ideologie des Kapitalismus ihre hegemoniale Stellung im öffentlichen Sprechen verloren hat. Die organischen Intellektuellen sollen im Kampf um die Meinungsherrschaft eine zentrale Rolle im „Stellungskrieg" übernehmen. Es handelt sich seiner Meinung nach eben nicht um einen Angriffskrieg, den die Sozialisten gegen das Kapital führen können, sondern um ein zähes Ringen zwischen gegensätzlichen Welterklärungen.

In der Gegenwart ist ein solcher Stellungskrieg unvorstellbar geworden, da im Nebel der Postmoderne keine Frontlinie erkannt werden kann. Die Eigentümerlogik wird auf allen Ebenen permanent reproduziert, so dass der Kriegsschauplatz nicht mehr auf dem Feld der öffentlichen Meinung ausgetragen wird, sondern in jedem einzelnen Menschen. Das hat zur Folge, dass eine antikapitalistische Narration nicht mehr direkt den Kapitalismus angreifen kann, sondern zuerst den postmodernen Spin verändern muss, nach dem es verboten ist, Subjekte in Klassen zusammenzufassen. Ein solcher Angriff wendet sich gegen den doppelten Gegner der postmodernen Theorie und des biopolitischen Regimes, die den Egoismus zur wichtigsten Produktivkraft gesteigert haben. Ein solcher Angriff kann, wenn man Gramsci weiter folgt, nur von einem organischen Intellektuellen unserer Tage erdacht werden, der einerseits die Techniken der Hegemonie studiert hat und andererseits seinen Klassenstandpunkt nicht verraten hat. Da aber die postmoderne Theorie ihr Hauptziel darin sieht, jede Art von Klasse oder Gemeinschaft zu dekonstruieren, ist das eine fast unmögliche Herausforderung. Die Schwierigkeit liegt heute darin, die Postmoderne zu verstehen, ohne auf sie hereinzufallen. Damit sieht sich der organische Intellektuelle unter erschwerten Bedingungen vor der gleichen Herausforderung wie in den 1920er Jahren, als Gramsci ihn von dem traditionellen Intellektuellen unterschied, der die Rolle der Führungskraft innerhalb der Hegemonie ausübt.

Der traditionelle oder auch entfremdete Intellektuelle eignet sich während seines langen Studiums die Denkweise, aber auch den Habitus und die politische Überzeugung der herrschenden Klasse an. Er wird nicht nur durch sein instrumentelles Wissen, sondern gerade durch seine Affirmation der herrschenden Anschauungen zu ihrem wertvollsten Gehilfen. Georg Lukács formulierte in „Geschichte und Klassenbewußtsein" das Verhängnis dieser Assimilation schon 1923: „Der spezialistische ‚Virtuose', der Verkäufer seiner objektivierten und versachlichten geistigen Fähigkeiten, wird aber nicht nur Zuschauer dem gesellschaftlichen Geschehen gegenüber [...], sondern gerät auch in eine kontemplative

Attitude zu dem Funktionieren seiner eigenen, objektivierten und versachlichten Fähigkeiten."[31]

Die Entfremdung des Intellektuellen macht also nicht bei der instrumentalisierten Arbeit halt, sondern sie ergreift durch die Dauer und den Umfang der geistigen Ausbildung den ganzen Menschen. Man hat sich nicht nur durch Bildung Kompetenzen angeeignet, man ist durch Bildung auch zu jemand anderem geworden. Heute ist die Anpassung an den herrschenden Habitus so stark und alle scheinen nichts mehr zu begehren, als von den traditionellen Eliten anerkannt zu werden, dass vor allem die Virtuosen der geistigen Arbeit ihr Auftreten als Teil der Eliten perfektioniert haben. In der feudalen Epoche des Kapitalismus, in der wir heute leben, übernehmen die Kinder und Enkel der Herrschenden immer bruchloser die Plätze ihrer Vorfahren und die wenigen Aufsteiger wollen möglichst schnell den Geruch ihrer Herkunft loswerden.

Der organische Intellektuelle unterscheidet sich von der üblichen Aufsteigergeschichte dadurch, dass er seine Position nicht dazu nutzt, um seine eigene Klasse zu verraten. Er vergisst nicht seine Herkunft, obschon er jetzt als Intellektueller zur Elite gehört. Der organische Intellektuelle bleibt ein Kämpfer für seine Klasse und gegen die Herrschaft, deren Techniken und Anschauungen er inzwischen genau studiert hat.

Heute ist die Behauptung der Alternativlosigkeit aufgrund der Komplexität das wichtigste Machtmittel der Eliten geworden. Der organische Intellektuelle muss also nicht nur den Auftrag seiner Herkunft bewahren, sondern er muss seine Mission auch gegen den hegemonialen Diskurs verteidigen, der ihm unentwegt veraltetes oder dummes Denken vorwirft, wenn er sich nicht der Komplexität unterwirft. Die

Folge ist, dass der Versuch, ein organischer Intellektueller sein zu wollen, die Karriere behindert, und die freien Plätze immer öfter mit den Kindern der traditionellen Intellektuellen besetzt werden. In Deutschland studieren 77 Prozent der Akademikerkinder, hingegen nur 23 Prozent der Kinder aus einem Nichtakademiker-Haushalt. Wer es als Aufsteiger schaffen will, muss gegenüber einer Elite, die schon im Kinderzimmer mit Max Frisch gespielt hat, nicht nur doppelt so gut sein, sondern auch glaubwürdig vertreten, dass er nichts gegen die Elite im Schilde führt. (Von Max Frisch am Küchentisch wurde mir tatsächlich mal von jemandem erzählt, der aus einer großbürgerlichen Familie stammt. Daraus entspann sich ein interessantes Gespräch, bei dem mir der Gegensatz zwischen denjenigen, die mit Max Frisch gespielt haben, und denjenigen, die Max Frisch gelesen haben, um sich aus der Enge ihrer Herkunft zu befreien, konkret wurde. Für die einen ist Kultur und Bildung eine alltägliche Beschäftigung, die das Leben bereichert wie gutes Essen oder eine Reise. Für die anderen ist die gleiche Kultur und Bildung ein Werkzeug und manchmal auch eine Waffe, um sich aus den eigenen Zwängen zu befreien.)

Der organische Intellektuelle ist im Klassenkampf so wichtig, weil er quasi auf beiden Seiten der Front zu Hause ist. Er kennt die Kommunikationsspiele der Eigentümer, ihre Meinungen und Geschmacksurteile, ihre Gesetze und die Argumente, mit denen sie ihre Vorrechte legitimieren. Er kennt, so würde man heute sagen, die Dispositive der Macht. Doch nutzt er dieses Wissen nicht, um die Karriereleiter hinaufzusteigen, sondern er stellt sie seiner eigenen Klasse zur Verfügung, die gegen diese Hegemonie kämpfen will, weil sie von dieser ausgebeutet wird. Organisch nennt Gramsci diese

Intellektuellen, weil sie das bürgerliche, entfremdete Wissen so umbauen, dass es nun den Interessen des Volkes, also popularen Interessen dient.

Ein berühmtes Zitat von Gramsci verdeutlicht, wie kompliziert seine Forderungen an die Intellektuellen gerade für unsere Zeit sind: „Das volkshafte Element ‚fühlt‘, aber versteht und weiß nicht immer; das intellektuelle Element ‚weiß‘, aber es versteht und vor allem ‚fühlt‘ nicht immer. […] Der Irrtum des Intellektuellen besteht [im Glauben], man könne *wissen* ohne zu verstehen und besonders ohne zu fühlen und leidenschaftlich zu sein (nicht nur fürs Wissen an sich, sondern fürs Objekt des Wissens), daß also der Intellektuelle ein solcher sein könne (und nicht ein reiner Pedant), wenn er vom Volk-Nation unterschieden und abgehoben ist, das heißt, ohne die elementaren Leidenschaften des Volkes zu fühlen, sie verstehend und folglich in der bestimmten geschichtlichen Situation erklärend und rechtfertigend und sie dialektisch mit den Gesetzen der Geschichte, mit einer höheren, wissenschaftlich und kohärent ausgearbeiteten Weltauffassung, dem ‚Wissen‘ verknüpfend; man macht keine Politik-Geschichte ohne diese Leidenschaft, das heißt ohne diese Gefühlsverbindung zwischen Intellektuellen und Volk-Nation."[32]

Eine kurze Geschichte des Linkspopulismus

Als denkerische Traditionslinie für den Linkspopulismus gelten neben Antonio Gramsci vor allem die Postmarxisten Ernesto Laclau und Chantal Mouffe. Während Gramsci seinen Populismus als Gegenkraft zum Faschismus entwickeln wollte, sehen sich Laclau und Mouffe mit der historischen Tatsache konfrontiert, dass alle populistischen Mittel und Begriffe durch die faschistische Herrschaft vergiftet sind. Ihre Rettung beginnt von daher folgerichtig bei dem Versuch, mit Hilfe der Dekonstruktion die Begriffe Volk, Führer, Nation usw. retten zu wollen.

Ihre Theorie eines neuen Populismus könnte man als den Versuch einer Synthese verstehen, die Gramscis Populismus-Konzept, Carl Schmitts Unterscheidung zwischen Freund und Feind als Wesen der Politik und die postmoderne Dekonstruktion zusammendenkt. Das klingt auf den ersten Blick verlockend, doch sind die Einwände gegen diesen Ansatz, der schon vor einigen Jahrzehnten formuliert wurde, inzwischen so verbreitet, dass man sie gleich nennen sollte.

Anfangs folgen Laclau/Mouffe dem klassischen Antagonismus, der das Volk gegen die Eliten stellt. Sie erweitern ihn jedoch, indem sie Carl Schmitt als Urvater aller dezisionistischen Politik hinzufügen. So wird aus einem vorhandenen Gegensatz eine Konstruktion, die erst durch eine populistische Anrufung entsteht. Der Populist muss und kann für sich die Macht beanspruchen, einen solchen Gegensatz formen zu können.

Der Dezisionismus ist für Laclau/Mouffe wichtig, um die Tendenz solcher Unterscheidungen zu rassistischen oder nationalistischen Exzessen abzuwehren. Das Volk soll keine biologische oder nationale Einheit sein, sondern eine Willensgemeinschaft im Sinne eines postmodern gewendeten Carl Schmitt. Zum Volk gehört, wer sich zu dem Antagonismus bekennt und sich auf die Seite des Volkes stellt. Niemand gehört aus rassischen oder nationalen Gründen zum Volk, doch es entsteht durch die Entscheidung eine Gemeinschaft, die sich wie eine natürliche Einheit anfühlt und auch so aus-agiert werden kann.

Der Vorteil eines solchen Volksbegriffs liegt für Gesellschaften auf der Hand, in denen eine Oligarchie einer weitgehend rechtlosen Bevölkerung gegenübersteht. Ein so umgebauter Populismus hat eine organisierende Funktion, weil er die rechtlose Bevölkerung, die bisher von der öffentlichen Meinung ausgeschlossen war, überhaupt erst zum Teil des politischen Feldes macht. Der Volksbegriff passt heute vor allem zu den südamerikanischen Gesellschaften, für die Ernesto Laclau seine Theorie entwickelt hat.

Der entscheidende Clou im Populismus von Laclau/Mouffe liegt aber in der Übernahme der Dekonstruktion, die sie auf alle großen Begriffe anwenden, mit denen die Massen organisiert werden können. Sie betonen immer wieder, dass die Worte Nation, Anführer, Volk etc. als leere Signifikanten zu verstehen sind. Indem sie betonen, dass es keinen direkten ontologischen Gehalt für sie gibt, wollen sie die belasteten Worte gegen eine rechte Verwendung absichern. Doch gerade eine solche Absicherung führt zu einer unlösbaren Paradoxie. Denn entweder wird das Spiel der Dekonstruktion ernsthaft betrieben, dann zerfallen die Worte zu leeren Hüllen, in die alles Mögliche verpackt werden kann, z. B. auch die Inhalte eines rechten Denkens. Oder die Dekonstruktion ist nur eine Absicherung gegen eine einfache Vereinnahmung durch die Rechten, dann helfen die so entleerten Begriffe aber auch nichts mehr für einen linken Populismus. Entweder wird die Dekonstruktion zum unendlichen Spiel der postmodernen Ambivalenzen und des Relativismus, wie es der Laclau-Schüler Oliver Marchart komplex, aber eben auch praxisfern vorführt[33], oder sie ist nicht ganz ernst gemeint. Der beträchtliche

Theorieaufwand des Poststrukturalismus ist dann nur eine intellektuelle Abschreckung für unterkomplexe Faschisten oder ein Erkennungssignal an postmodern geschulte Intellektuelle. In beiden Fällen kann man ihn nicht mehr ernsthaft für eine linke Politik gebrauchen.[34]

Es mag ein verständlicher Wunsch sein, Volk und Führer als Begriffe zu dekonstruieren, doch in der Konsequenz werden sie dadurch zu eben den leeren Signifikanten, die mit unvorhersehbaren politischen Anschauungen aufgeladen werden können. Indem die Tür zum Faschismus geschlossen wird, wird das Tor zu beliebigen Inhalten aufgestoßen, die dann, wie der postmoderne Populismus eines Pim Fortuyn in den Niederlanden gezeigt hat, Rassismus und Nationalismus wieder möglich machen. Die Dekonstruktion ist das falsche Mittel, um die Begriffe des Volks und der Klasse für eine linke Politik zu retten.

Der zweite Einwand gegen das Konzept von Laclau/Mouffe wiegt für den europäischen Kontext noch ungleich schwerer. Die Bevölkerung durch einen dekonstruktivistisch geläuterten Populismus in antagonistische Gruppen einzuteilen, ist für ausdifferenzierte Industrie- und Postindustriegesellschaften untauglich. Für Länder, die wie Deutschland in der postpolitischen Phase angekommen sind und die über ein deliberatives Prinzip von Demokratie verfügen, ist diese Technik zu grobschlächtig. In biopolitisch verwalteten Gesellschaften ist die Vereinzelung so weit fortgeschritten, dass jeder mit sich allein eine Bevölkerungsgruppe bildet. Welcher Dezisionismus soll hier mit dekonstruierten Begriffen wieder eine Grundlage hervorzaubern, die über alle Mikrodifferenzierungen hinweg Gemeinsamkeit plausibel macht? Einer postpolitischen Gesellschaft mit postfundamentalistischen Theorien wieder zu einem Klassenbewusstsein zu verhelfen, erinnert an den berühmten Teufel, den man mit dem Beelzebub austreiben will.

Heute scheint das Marxdiktum genau umgekehrt zu gelten, dass nur vorindustrielle und oligarchisch geführte Gesellschaften für einen einfachen Linkspopulismus empfänglich sind, da sie die Eigentumsfrage über die offensichtliche Ungleichverteilung von Land und durch Gewalt und Korruption erfahren. Die Klassenfrage ist hingegen in den neoliberal entwickelten Gesellschaften, in denen ja überhaupt erst eine Aufhebung des Kapitalismus möglich wäre, bis zur Unerkennbarkeit verstellt. Man könnte sogar behaupten, dass der entscheidende Trick, den der entwickelte Kapitalismus gefunden hat, um seine Überwindung aufzuhalten, darin besteht, das Bewusstsein der Klassen und ihrer Gegensätze so zu dekonstruieren, dass von hier keine Gefahr mehr droht. Wenn Laclau und Mouffe diesen Nebel in den Populismus einführen wollen, um ihn vor den bösen Auswirkungen rechter Politik zu bewahren, ist das der falsche Weg. Der Versuch scheint eher ein weiterer Beweis für die Reichweite der postmodernen Ideologie zu sein, indem ein bei der liberalen Elite so unbeliebter Begriff wie der des Populismus dadurch gerettet werden soll, dass man ihn dekonstruiert.

Der Ausweg für einen linken Populismus liegt also nicht darin, die von rechts vereinnahmten Begriffe zurückzuerobern und sich damit den anti-dialektischen Methoden der Postmoderne zu unterwerfen, sondern er liegt darin, vom liberalen Populismus zu lernen. Dieser hat die Methode ungleich komplexer entwickelt als der rechte Populismus und ist damit der Maßstab für die politische Auseinandersetzung.

Welche Schlüsse soll man daraus ziehen, dass im Bundestag der Untergang des Abendlandes beschworen wird, wenn der Hartz-IV-Satz um einige Euro erhöht werden soll, es aber nur wenige Stunden dauert, um Milliarden für eine Bankenrettung zu bewilligen? Wieso bedeutet die allseits geforderte Flexibilität, die als Wundermittel der Wirtschaft gepriesen wird, für einen Großteil der Menschen vor allem prekäre Arbeitsverhältnisse? Wie soll man Freiheit verteidigen, wenn damit vor allem die Freiheit des Kapitals und seiner Eigentümer gemeint ist, während für alle anderen Freiheit bedeutet, keine Solidarität mehr zu erfahren? Was für eine Freiheit ist überhaupt gemeint, wenn das Geld gerade zum Überleben reicht und die Lebenszeit mit eintöniger Arbeit aufgebraucht wird? Was für eine Gleichheit ist gemeint, wenn fünfzig Prozent des Gewinns in die Taschen von einem Prozent fließen und eine Handvoll der reichsten Menschen so viel besitzt wie die ärmste Hälfte der Menschheit?

Die Zeit scheint günstig, um das aus der Balance geratene System anzugreifen. Oder wie es der US-amerikanische Ökonom Robert B. Reich auf den Punkt bringt: „Wir müssen eine gemeinsame Bewegung schaffen, die Rechte und Linke zusammenbringt, um die reiche Elite zu bekämpfen."[35] Denn eine positive Wirkung hat jede populistische Bewegung in der aktuellen Lage, egal ob sie rechts- oder linkspopulistisch ist: Sie schreckt die Eliten auf und zwingt sie das erste Mal seit Jahrzehnten, ihre feudalen Strukturen öffentlich zuzugeben.

Bisher konnten die Politiker sich hinter der Behauptung verstecken, dass sie leider gar keine Chance gegen die Übermacht der Konzerne haben. Plötzlich sehen sich die gleichen

Politiker mit Wählern konfrontiert, die diese Unfähigkeit nicht länger dulden und sie aus diesem Grund abwählen. Es braucht den populistischen Druck, damit die politischen Eliten nicht beim ersten Widerstand des Kapitals zusammenbrechen, um anschließend zu erklären, dass die Globalisierung eben alternativlos ist und es dem Wohle aller dient, wenn die Reichen immer reicher werden. Je mehr populistische Kräfte entstehen, desto eher werden die politischen Eliten sich darauf besinnen, dass ein demokratischer Staat auf der Herrschaft des Volkes beruht und er mit seinem Gewalt- und Steuermonopol über Machtmittel verfügt, um gegen globale Konzerne vorgehen zu können.[36]

Der populistische Druck auf die politische Macht scheint heute die einzige Kraft zu sein, die sie dazu bringt, den Kampf gegen die globale Ausbeutung zu beginnen. Erst wenn die Wähler in Scharen zur AfD abwandern, beginnt die CDU-Regierung darüber nachzudenken, ob es vielleicht Gründe für Migration gibt, die von Deutschland verschuldet sind und die auch hier geändert werden könnten.[37] Erst wenn Hunderttausende in Europa gegen TTIP protestieren und Donald Trump im Wahlkampf dagegen polemisiert, beginnt in der EU ein Nachdenken, ob die immer größere Macht der Konzerne wohl im Interesse der Menschen ist.

Die befremdliche Pointe ist, dass einige der Wahlversprechen von Donald Trump exakt einer linken Agenda entsprechen. Seine Ankündigung, die Arbeitsvisa für die USA deutlich restriktiver zu bewilligen, hat vor allem bei den Internetkonzernen aus Kalifornien zu einem Aufschrei geführt. Die Doppelmoral dieses Aufschreis muss die Linke verstehen, damit sie sich nicht immer wieder durch moralische Panik für die Interessen des Kapitals einspannen lässt.

Der Aufschrei nutzt den bewährten Alarmruf: „Ein Rassist will uns abschotten!", und das linksliberale Milieu steht ihm bei. Die Wahrheit ist hingegen, dass die Arbeitsvisa vor allem dazu gebraucht werden, um hochqualifizierte, aber billige Programmierer ins Land zu holen, die US-Amerikaner arbeitslos machen und deren Dumpinglöhne die Gewinne der Aktionäre steigen lassen. Hinter der moralischen Panik verstecken sich ausschließlich die Interessen des Kapitals, das einen Lohnkampf führt, indem es den Arbeitsmarkt globalisiert. Solange die liberalen Eliten das nicht verstehen, sind sie objektiv Kollaborateure der Superreichen.

Die Kapitalismusversteher aus dem Milieu der Besserverdienenden sind von diesen Überschneidungen bisher nur irritiert. Sie leugnen weiterhin, dass z. B. die Schuld von Hillary Clinton darin liegt, ihren demokratischen Gegenkandidaten Bernie Sanders mit politischen Intrigen verhindert zu haben. Sie haben noch nicht verstanden, dass das Projekt einer offenen Gesellschaft schon lange von feindlichen Interessen vereinnahmt worden ist, und sie ziehen darum die falschen Schlüsse, wenn sie alle, die gegen das bestehende System aufbegehren, in den Topf der Rassisten und Faschisten werfen. In der realen Politik gibt es hingegen längst Beispiele dafür, wie der populistische Druck eine positive Wirkung auf die Macht hat.

Wenn Theresa May als neue Premierministerin in Großbritannien nach dem Brexit-Votum erklärt, dass nun eine Kehrtwende in der neoliberalen Politik erfolgen muss, dann sagt niemand den Brexitwählern dafür Danke, sondern alle behaupten, dass dies endlich ein gelungener Schlag gegen den Populismus ist. Dabei ist die Tatsache offensichtlich, dass eine solche Kehrtwende in der Sozialpolitik einer Tory-Politikerin ausschließlich durch die Brexitwähler erzwungen worden ist. Die gute Nachricht ist also, dass populistisch organisierter Widerstand die Regierenden so sehr erschrecken kann, dass sie die Interessen des Kapitals für einen Moment vergessen und dem Volk ein bisschen Leben zurückgeben.

Aber nicht nur die liberalen Eliten verweigern die Erkenntnis, dass es eine Kollaboration zwischen ihrem Begriff von Freiheit und der Freiheit des Neoliberalismus gibt. Auch die Linken fallen noch immer auf den Zirkelschluss der postmodernen Freiheit herein: Das Kapital arbeitet an der Verflüssigung aller Verhältnisse, um möglichst ungehinderten Zugang zu Märkten und Ressourcen zu haben, und zugleich entsteht die Globalisierung als ein Projekt des grenzenlosen Kapitals. Nun kommt eine Theorie aus den Geisteswissenschaften dazu und beschreibt die Globalisierung nicht als ökonomisches Projekt, sondern als willkommene Dekonstruktion aller Bindungen – wie Identität, Nation, Geschlecht oder Ethnie – und verleiht damit der Deregulierung des Kapitals die höheren Weihen einer globalen Freiheitsbewegung. Das biopolitische Regime schließlich bringt die zentrums- und grenzenlose Welt in die für alle gültige Anweisung: Optimiere dich selbst, dann kannst du so frei sein wie das Kapital!

Die kalte Linke und die Flüchtenden

„Wider besseres Wissen verneigen sich große Teile, vor allem der Linken, vor einer frauenverachtenden, todesverliebten Wüstenreligion."
Neo Rauch 2016[38]

Die Befreiung aus der bürgerlichen Sentimentalität könnte ein Nachdenken erlauben, das seit Herbst 2016 verhindert wird. Noch heute gelten die Vorurteile, dass derjenige, der die Willkommenskultur kritisiert, ein Rassist, und derjenige, der die Wirtschaftspolitik der Kanzlerin ablehnt, ein linker Spinner ist. Erst wenn man den Zusammenhang zwischen beiden politischen Entscheidungen der CDU-Kanzlerin begreift, wird eine politische Wahrheit daraus.

Die Flüchtlingskonvention, der alle Staaten in Europa verpflichtet sind, ist ein Resultat des Zweiten Weltkriegs. Mit dem Ende der gewaltigen Völkerwanderungen nach 1945 ebbte die Migration ab und kam schließlich durch den Eisernen Vorhang fast vollständig zum Erliegen. In diese Phase fallen die Liberalisierungen der Flüchtlingskonvention, die schließlich zu der bis heute gültigen Fassung geführt haben, bei der alle Menschen, die in ihrer Heimat von Verfolgung, Krieg oder Diskriminierung bedroht sind, Asylrecht in Europa genießen. Einziges Hindernis hierbei ist, dass sie es über die Grenze der EU bzw. bis zur deutschen Grenze schaffen müssen, da Asyl nicht in den Fluchtländern beantragt werden kann.

Nach dem Ende des Kalten Kriegs und mit der Globalisierung sind die Kenntnisse über das Wohlstandsungleichgewicht im gleichen Maße gewachsen wie die Not in den Verliererstaaten, die von Klimawandel, Kriegen oder Schockstrategien betroffen sind. Aus der rasanten Veränderung aller Komponenten – einer Flüchtlingskonvention, die von geschlossenen Grenzen ausgeht; Kriegen, die als Bürgerkriege nur noch schwer zu befrieden sind; einem bizarren Wohlstandsungleichgewicht, einem globalen Kapitalismus und der globalen Vernetzung aller Informationen – entstehen die neuen Flüchtlingsbewegungen, die schnell zu einer Überforderung für das Sehnsuchtsziel Europa werden können. Eine Vorahnung des Ausmaßes, das eine solche Bewegung annehmen kann, wurde im Herbst 2015 deutlich, wo innerhalb weniger Monate über eine Million Flüchtende unkontrolliert nach Deutschland kamen.

Und hier beginnt die zweite Hälfte der Wahrheit. Die Ohnmacht der europäischen Regierungen gegenüber dieser Bewegung führte zu einer Reihe von irrationalen Reaktionen: Die deutsche Politik bestand darin, eine Willkommenskultur auszurufen, die vor allem aus einer Reihe von Dogmen bestand, worüber noch öffentlich diskutiert werden durfte und worüber nicht: Grenzen können in einer globalisierten Welt nicht gesichert werden; Flüchtenden, die es bis zur Grenze geschafft haben, muss Asyl gewährt werden und ihre Integration ist Bürgerpflicht. Jeder, der diese Dogmen infrage stellte, wurde mit dem Ausschluss aus der liberalen Gesellschaft bedroht. Die Folge dieser erstickten Debatte war und ist das Entstehen einer rechtspopulistischen Partei, deren Erfolg aus der einfachen Negation der verordneten Regierungswahrheiten resultiert.

Ein linkes Denken kann weder der verordneten Moral der Regierung noch den abstrakten Negationen der AfD folgen, sondern muss an dem inneren Widerspruch des Dreiecks ansetzen. Der besteht zuerst einmal darin, dass die Flüchtlingskonvention aus einer Epoche stammt, in der sie eine gratismutige Absichtserklärung war. Solange keine Menschen fliehen, kann man sich großherzig zeigen. Als dieser Bluff während des Jugoslawienkriegs in den 1990er Jahren das erste Mal aufzufliegen drohte, kam man auf die rettende Idee der Dublin-II-Verordnung, wodurch die zentraleuropäischen Staaten von jeder Migration verschont blieben. Ab nun musste dasjenige EU-Land die Flüchtenden aufnehmen, das zuerst von ihnen betreten wurde. Das passiert bei den gegenwärtigen Fluchtrouten ausschließlich an den Küsten des Mittelmeers. Und die Überraschung dabei ist: Deutschland hat keine Küste zum Mittelmeer.

Als die Mittelmeerstaaten seit 2012 vermehrt Flüchtende aufnahmen, beriefen sich die restlichen Staaten stur auf das Abkommen und ließen die Betroffenen mit dem Problem allein. Doch diese kurze Schonfrist, in der man seinen moralischen Anspruch noch aufrechterhalten konnte, ohne dafür etwas tun zu müssen, ist seit 2015 vorbei, als die Balkanroute geöffnet wurde.

Die erste Reaktion der Kanzlerin bestand darin, nun eine europäische Solidarität bei der Aufnahme der Menschen zu fordern. Eine Aufforderung, der sie selbst nicht nachgekommen war, als sie von den Mittelmeerstaaten erhoben wurde, sollte nun, da sie vom mächtigsten Staat der EU vorgebracht wurde, plötzlich von allen anderen akzeptiert werden. Doch die anderen Staaten wollten dem deutschen Ruf nicht folgen, sondern verhielten sich weiterhin so, wie es bisher Deutschland vorgemacht hatte. Die CDU-Kanzlerin und ihr Wahlvolk waren schockiert von dieser kaltherzigen Reaktion und begannen, auf allen Kanälen die Nachbarn unter Druck zu setzen. Doch alles Drohen half nichts, der Widerstand war größer und besser organisiert als bei der Zerstörung Griechenlands und so muss Deutschland seitdem alleine mit seinen Flüchtenden klarkommen. Nach Meinung deutscher Medien sind nun alle EU-Staaten, die sich von Deutschland keine Willkommenskultur vorschreiben lassen wollen, Nationalisten und Opfer von Rechtspopulisten.

An diesem Punkt entfaltet die zweite Hälfte der Wahrheit ihre ganze Grausamkeit. Da die Debatte um die Regeln der Flüchtlingskonvention verboten war und die europäischen Nachbarn sich auf EU-Abkommen beriefen, auf die sich Deutschland bis vor Kurzem auch verlassen hatte, musste nun im Inland eine Möglichkeit der Flüchtlingsverteilung gefunden werden. Da es sich bei den Geflüchteten überwiegend um Menschen handelt, die auf dem Arbeitsmarkt erst einmal schwer bis gar nicht zu vermitteln sind, fiel die Lösung günstig für die liberale Mittelschicht aus. Wenn die anderen EU-Staaten nicht wollen, wird nun eben das untere Drittel der deutschen Gesellschaft zu seinem Beitrag für die Willkommenskultur aufgefordert, indem es seinen Lebensraum teilen soll. Die Folgen sind nicht nur eine Belastung der sozialen Sicherungssysteme, rasant zunehmende Wohnungsknappheit und Lohndumping, sondern auch ein sprunghaftes Anwachsen von Fremdenfeindlichkeit. Indem die Lasten auf das untere Drittel geschoben werden und sich dieses davon wenig erfreut zeigt, bleibt das liberale Bürgertum im Vollbesitz der Moral und kann seine Sympathien von der renitenten Unterklasse weg- und zu den Flüchtenden hinlenken. Wer sich so fremdenfeindlich gibt, muss sich nicht wundern, wenn die wohlmeinende Mitte ihm nicht mehr entgegenkommt, sollte es zu Verteilungskämpfen kommen. Das Herz des liberalen Populismus schlägt auf jeden Fall zuerst für die Flüchtenden und nicht für die Rassisten am Rand der Gesellschaft.

Die Argumente der liberalen Mittelschicht bestätigen dann ein ums andere Mal, wie herablassend ihr Blick auf die Protestierenden ist. So werden die liberalen Kommentatoren nicht müde, sich ironisch darüber zu wundern, warum Menschen gegen Flüchtende protestieren, wenn diese in ihrer Stadt oder ihrem Landkreis doch nur wenige Prozentpunkte ausmachen. Da solle man sich doch einmal Kreuzberg oder die Städte des Ruhrgebiets anschauen. Ein solcher Kommentar ist arrogant, da er die eigene Lebenspraxis des Großstädters zur allgemeinen Wahrheit erklärt und allen anderen empfiehlt, sich dieser Wahrheit unterzuordnen. Eine solche Haltung vertieft den Abgrund zwischen den Ansprüchen der offenen Gesellschaft und denjenigen, denen die Offenheit Angst macht. Und schließlich ignoriert ein solcher Vergleich, dass auch in Kreuzberg oder NRW der Multikulturalismus nicht nur Sonnentage kennt. Indem die Offenheit zur absoluten Wahrheit gemacht wird, stempelt sie alle diejenigen, die sie nicht glauben wollen oder andere Erfahrungen damit gemacht haben, automatisch zu Dummköpfen und Rassisten ab.

Die tägliche Einübung des arroganten Blicks produziert nicht nur eine Borniertheit des Liberalismus, sondern auch den Hass der davon Ausgeschlossenen. Die dialektische Pointe an der Arroganz ist, dass sie im Zentrum der offenen Gesellschaft einen geschlossenen Raum errichtet hat. Hier wohnen dann diejenigen, die es nicht mehr aushalten, dass ihre Weltsicht nicht von allen geteilt wird. Die offene Gesellschaft wird in solchen Kommentaren zu einer Ideologie, die sich nicht mehr von anderen, geschlossenen Ideologien unterscheidet. Dass das Leben der Wohlmeinenden und Wohlhabenden immer öfter in Gated Communitys stattfindet, wo sie ungestört ihre offene Gesellschaft pflegen, ist nicht nur ein dialektischer Scherz, sondern großstädtischer Alltag.

Der kalte Blick der Linken müsste erkennen, dass Rassismus nicht vom Himmel fällt, sondern die Folge von Lebensumständen ist. Er könnte damit dem liberalen Populismus entgegentreten, der Rassismus für einen Charakterfehler hält, den man weder erklären noch beheben kann, weswegen Rassisten kategorisch von der bürgerlichen Welt ausgeschlossen gehören.

Am Konflikt um die Flüchtlingspolitik brechen die mühsam unterdrückten Klassengegensätze wieder auf und können darum in einer lange vermissten Klarheit angeschaut werden. Doch dafür muss die Geschichte anders erzählt werden, als es Willkommenskultur und Merkelsche Alternativlosigkeit verordnet haben. Wenn die Rettung von Menschen nur darin bestehen kann, dass sie unter Lebensgefahr nach Europa flüchten müssen, und solange ein Nachdenken über die Flüchtlingskonvention tabuisiert ist, da ein Einwanderungsgesetz in Deutschland tabuisiert ist, türmt sich der Widerspruch zu den Dogmen der Doppelmoral auf.

Eine linke Politik hätte die Chance, den Vorschlag zu einem Einwanderungsgesetz zu machen und zugleich die Kosten der Willkommenskultur auf die Schultern derjenigen zu laden, die den größten moralischen Nutzen davon haben. Eine Sondersteuer für das obere Drittel der Gesellschaft hätte eine völlig andere Diskussion über das Asylrecht zur Folge als die aktuelle rechtspopulistische Hetze. Plötzlich würden nicht mehr die aggressiven Rassisten vom unteren Rand der Gesellschaft gegen die Willkommenskultur kämpfen, sondern die wohlüberlegten Argumente der Mittelschicht wären zu hören: Ein Flüchtlingsheim ist natürlich wichtig, aber muss es gerade in einem Vogelschutzgebiet in Blankenese entstehen? Und plötzlich würde der Klassencharakter des Rassismus offenbar: Wer Geld für gute Anwälte hat, muss keine Brandsätze in Unterkünfte werfen. Er kann sie auch vor Gericht verbieten lassen.[39]

Darüber hinaus wären diejenigen, die mit ehrlicher Überzeugung und persönlichem Einsatz Flüchtenden helfen, von der Doppelmoral der Merkelschen Willkommenskultur befreit. Ihr Engagement könnte als solidarischer Einsatz für eine menschliche Gesellschaft dann auch auf die Solidarität des Staates hoffen. Eine Bezahlung für diejenigen, die helfen, aber nicht so wohlhabend sind, dass sie unbegrenzt Zeit und Ressourcen dafür haben, könnte ebenso eine Anerkennung sein wie eine deutlich bessere Finanzierung der Lebensbereiche, in denen sich die Armen mit den Flüchtenden zusammenfinden.

Dass es Rivalität bei den Tafeln gibt, der Mindestlohn ausgesetzt werden soll und der soziale Wohnungsbau über Jahrzehnte zerstört worden ist, zeugt von der realen Missachtung der regierenden Eliten gegenüber den alltäglichen Verteilungskämpfen. Der hehre Anspruch der Willkommenskultur beruht nicht nur auf der politischen Lüge, keinen Unterschied zwischen Asyl und Arbeitsmigration zu machen, er ist auch eine verlogene Moral, da plötzlich Solidarität gefordert wird, wo über viele Jahre jede materielle Grundlage für solidarisches Leben zerstört wurde, und die den Staat mit seiner schwarzen Null noch immer nichts kosten darf.

Oder wieder einmal populistisch ausgedrückt: Wer Jugendzentren schließt, weil die städtischen Haushalte die Schuldenbremse einhalten müssen, sollte weder von Willkommenskultur schwadronieren noch sich darüber empören, wenn Flüchtlingsheime brennen. Und wenn Wolfgang Schäuble den zarten Versuch von Sigmar Gabriel, über die Willkommenskultur die anderen Armen im Land nicht zu vergessen, „erbarmungswürdig" nennt, ist das einzig Erbarmungswürdige, dass es darüber keinen Aufschrei der Linken gibt.

Eine solche Diskussion ist für den liberalen Populismus unangenehm, da plötzlich seine Widersprüche sichtbar werden: Wir finden Flüchtlinge gut, solange sie uns nichts kosten, nicht in unserem Wohnviertel leben und auch nicht neben unseren Kindern in der Schule sitzen. Dass das untere Drittel, dem jedes bisschen Wohlstand von Jahr zu Jahr weniger gegönnt wird, genau diese Herausforderungen zu bestehen hat, ohne den moralischen Gewinn daraus ziehen zu können, wird abgestritten. Und die Verachtung für die Armen wird noch dadurch erleichtert, dass deren Protest in die Fänge des Rechtspopulismus geraten ist. Eigentlich müssten die Wohlmeinenden auf jeden rassistischen Ausbruch mit einem großen Danke antworten: Solange sich jede Kritik an der Doppelmoral so einfach abwehren lässt, muss niemand über die eigenen Privilegien nachdenken.

Eine linke Politik könnte zum einen das ärmere Drittel aus der Gefangenschaft der Rechtspopulisten befreien, da sie eine andere Argumentation und Lösung für ihre konkreten Probleme vorschlägt, und eine linke Politik würde den liberalen Populismus an seiner empfindlichsten Stelle treffen, wenn er für seine Moral auch etwas bezahlen müsste. Was eine linke Politik hingegen endlich sein lassen sollte, ist das noch lautere Tuten mit der Moraltrompete. Man möchte allen Linken gerne zurufen: Ändert die materiellen Lebensbedingungen, schafft sichere Arbeitsplätze und eine solidarische Gesellschaft, dann beruhigen sich Wut und Verzweiflung. Und hört damit auf, die Armen zu belehren, dass sie sich ebenso moralisch verhalten sollen wie die Privilegierten. Mit einem Wort: Kämpft für die Armen, indem ihr endlich den Kampf gegen die Reichen und gegen die moralische Propaganda des Liberalismus für das Kapital aufnehmt.

Eine realistische linke Politik bestände z. B. darin, zu sagen, dass keine Gesellschaft der Welt unbegrenzt Menschen aufnehmen kann, ohne sich dabei selbst zu zerstören. Es können aber humanere Wege gefunden werden, wodurch einerseits die Menschen kommen können, die am meisten Schutz bedürfen, und andererseits diejenigen, die mitarbeiten wollen. Die Möglichkeit für eine solche Begrenzung und Regulierung würde die Auswahl in die Hände der EU legen und sie damit den Händen der Schlepper und ihrem Sozialdarwinismus entreißen. Eine solche Politik würde endlich eine Unterscheidung zwischen Migration und Arbeitsimmigration machen und damit die fatale Vermischung beider Motive auflösen.

Wer heute in der EU arbeiten will, muss sich als Flüchtender ausgeben, um überhaupt die Grenze zu überwinden. Dadurch steigt die Zahl der unberechtigt Asyl Suchenden, was in der Öffentlichkeit zu dem gefährlichen Eindruck führt, dass die Flüchtenden eigentlich nur ein Leben im Wohlstand wollen. Umgekehrt wird die Aufnahme von Flüchtenden so betrieben, als wäre es ihre erste Pflicht, sich in den deutschen Arbeitsmarkt zu integrieren. Wer Asyl sucht, weil sein Land im Krieg ist, und wer plant, dorthin zurückkehren zu können, für den kann es sinnvoller sein, seine Zeit damit zu verbringen, sich um die Nöte der Zurückgebliebenen und seine eigene Rückkehr zu kümmern. Nicht alle Asylsuchenden wollen dauerhaft hier bleiben und nicht alle Arbeitsmigranten sind asylberechtigt. Durch die fehlende Unterscheidung werden beide Gruppen in eine Zwangslage gebracht, in der sie sich tarnen müssen.

Die fatale Folge aus der unkontrollierten Migration von 2015/16 für die deutsche und europäische Öffentlichkeit besteht darin, eine Diskussion über Migration und Arbeitsimmigration auf lange Zeit unmöglich gemacht zu haben. Die Emotionen, die mit dem Thema der Zuwanderung verbunden sind, sind so vergiftet und die Lager der Willkommenskultur und der Grenzschließung stehen sich so verfeindet gegenüber, dass die Frage nach einem Einwanderungsgesetz hierunter begraben wurde. Stattdessen werden immer neue Forderungen erhoben, um Europa noch besser abzuschotten.

Aus diesem Grund war die (Nicht-)Entscheidung von Angela Merkel im Sommer 2015 ein politischer Fehler. Indem sie das Primat der Handlung preisgab, sendete sie nicht nur ein Signal an die Flüchtenden der Welt, sich nach Deutschland aufzumachen, sie sendete auch in die deutsche Gesellschaft die Botschaft, dass wir der Migration ohnmächtig ausgeliefert sind und nur andere, böse Staaten uns davor bewahren können. Dass dann die bösen Staaten wiederum in die guten bösen, wie (noch) die Türkei, und die nationalistischen bösen, wie Ungarn und die anderen Visegrád-Staaten, unterteilt werden, führt zu immer abstruseren politischen Verrenkungen.

Richtig ist in diesem schizophrenen Moralkosmos, die Flüchtenden mit militärischer Gewalt an der Ausreise aus der Türkei zu hindern, richtig ist es, zweifelhafte Regime wie z. B. Tunesien mit militärischem Gerät zu beschenken, in der Hoffnung, dass damit Menschen an der Fahrt übers Mittelmeer gehindert werden. Falsch ist es nach dieser Logik, Flüchtende an der Durchreise durch Ungarn mit einem Zaun zu hindern oder sie etwa an der deutschen Grenze aufzuhalten. Richtig hingegen ist der Zaun zwischen Bulgarien und der Türkei, der mit Geld der EU gebaut wurde, falsch ist der Zaun, den Mazedonien gebaut hat. Die Merkelsche Politik macht, je länger sie auf dem hohen Ross der Willkommenskultur sitzt, die politische Unterscheidung zwischen Migration und Immigration immer unmöglicher, und sie verstrickt sich außenpolitisch, wie im Fall der sich zu einer Diktatur entwickelnden Türkei, in immer unlösbarere Widersprüche.

Der übergroße Teil der deutschen Bevölkerung will flüchtenden Menschen bereitwillig helfen. Die Doppelmoral der Regierung und die objektiv falsche Aussage, dass sich Migration nicht steuern lässt und kein Unterschied zwischen Flucht und Arbeitsmigration gemacht werden kann, verstimmt aber zusehends, da die politische Absicht dahinter erkennbar ist. Die Behauptung, man könne Grenzen nicht schließen, ist ein Paradebeispiel für die trickreiche Vermischung der Motive. Die Grenzen sollen vor allem für das Kapital und die Waren nicht geschlossen werden. Der Appell der Willkommenskultur richtet sich hingegen an die eigene Bevölkerung, die Folgekosten dieser ökonomischen Zwänge zu übernehmen.

Während die Wirtschaft von der Grenzenlosigkeit profitiert, sollen ihre Kosten in die realen Lebensbedingungen verschoben werden. Der globale Wettkampf um bezahlte Arbeit ist für das untere Drittel weniger abstrakt, wenn einige hunderttausend Menschen ins Land kommen, die bereit sind, für wenig Geld jede Arbeit zu übernehmen. Das Kapital freut sich, wenn die Reservearmee auf dem Arbeitsmarkt gewaltig aufgestockt wird, denn unverschämte Lohnforderungen oder der Mindestlohn können nun mit dem moralischen Rückenwind der Willkommenskultur abgewehrt werden. Und um alle diejenigen, die von der Wirtschaft nicht benötigt werden, kümmert sich weiterhin der Staat.[40]

Das Paradox der liberalen Grenze und ihre dialektische Aufhebung durch die Flüchtenden

Die aktuell ungebrochene Hegemonie des liberalen Populismus gründet auf seiner deutlich höheren Komplexität als die der veralteten Populismen von rechts und auch von links. Wenn eine notwendige Bedingung des Populismus darin besteht, eine Grenze zwischen einem Wir und einem Sie zu ziehen, so ist die Grenze des liberalen Populismus von einer kategorisch neuen Qualität. Seine Grenzziehung ist dynamisch, ohne erkennbare Autorität, und seine Negation des Anderen erfolgt durch dessen Integration.

Die Grenzen des Neoliberalismus – seien es die Zugänge zu Bildung, bezahlter Arbeit, Privilegien oder Staaten – bestehen in einer behaupteten Durchlässigkeit für alle. Die alltägliche Beobachtung, dass aber nicht alle Teil des privilegierten Innenraums sind, wird dadurch erklärt, dass die Schuld für einen gescheiterten Grenzübertritt immer beim Einzelnen liegt. Jeder könnte teilhaben, es liegt bei ihm selbst, ob er es schafft oder nicht. Man wird bei einer solchen paradoxen Grenze nicht zufällig an Kafkas Wartenden vor dem Gesetz erinnert, der sein Leben lang vor einer Tür wartet, um am Ende zu erfahren, dass er hätte hindurchgehen können und er selbst durch sein Warten die Tür verschlossen hat.

Die Grausamkeit einer solchen Grenze besteht in ihrer propagierten Offenheit und ihre Intelligenz besteht in dem Mechanismus, der den Ausschluss nicht der Grenze zurechnet, sondern demjenigen, der die Tür nicht öffnen konnte. Die Beharrlichkeit, mit der Angela Merkel bis heute darauf besteht, dass die deutschen Grenzen offen sind, obgleich sie alles dafür tut, dass niemand mehr den Eingang finden kann, ist ein ideales Beispiel für die Raffinesse und die Lüge dieser Konstruktion.

Eine Grenzziehung, die ausschließt, ohne dass jemand dafür verantwortlich gemacht werden kann, ist allen anderen Antagonismen, seien sie dumpfer Rassismus oder materialistischer Klassenkampf, weit überlegen. Die Repräsentanten einer solchen Grenze sind moralisch unangreifbar, da sie behaupten können, dass es keine Grenzen gibt, und trotzdem über eine Regulierung verfügen, die der klassischen Funktion einer kybernetischen Systemgrenze entspricht. Auch hier entscheidet keine Instanz über den Durchgang durch die Membran, sondern die Diffusionskräfte regeln sich selbst zu einem Gleichgewicht.

Durch den Flüchtlingsstrom 2015/16 ist die Wirkung dieser Membran jedoch fragwürdig geworden und der propagandistische Aufwand, um die Alternativlosigkeit der liberalen Grenze zu behaupten, wird so gewaltig, dass immer mehr Menschen die Ideologie dahinter dämmert. Es kann als Ironie der Geschichte betrachtet werden, dass die erste humanitäre Handlung der neoliberalen Kanzlerin dazu geführt hat, dass der Widerstand gegen ihre Politik eine Dimension erreicht, die ihre Macht gefährdet. Weder löste ihr ökonomischer Kampf gegen die Staaten des Mittelmeers bedrohliche Proteste aus, noch erzeugte ihr Festhalten an der Austeritätspolitik, die ganze Landstriche in Europa veröden ließ und zu einem rasanten Wachstum bei rechtspopulistischen Parteien führte, in Deutschland Widerstand.

Das Paradox der grenzenlosen Grenze, die nicht existiert, solange der Einzelne nicht an ihr scheitert, ist erst durch den unkontrollierten Flüchtlingsstrom in seiner unheimlichen Konstruktion sichtbar geworden. Plötzlich erscheint der Ausschluss, den immer mehr Menschen aus immer mehr gesellschaftlichen Bereichen erleiden, wie eine große Ungerechtigkeit, wenn sie gleichzeitig erleben, dass andere Menschen, die sich selbst ermächtigen, eine Grenze zu überschreiten, nicht nur nicht daran gehindert, sondern sogar noch dazu ermuntert werden. Die Staatsgrenze wird zum Symbol für alle die Grenzen des Alltags, wo die einen durchkommen und die anderen eben nicht.

Die paradoxe Konstruktion der neoliberalen Grenzziehung wird in dem Moment, wo die ganze Welt sie austestet, entlarvt. Denn entweder muss sie dann die Türen schließen und wird zur selben Art von Grenze, wie sie von allen anderen Populismen gefordert wird, die ein Wir vom Sie trennen, oder sie beharrt auf ihrem Paradox, dann wird die Funktion der Grenze zerstört, da die Ankommenden aus aller Welt die Raffinesse der internalisierten Ausschließung weder erkennen noch anerkennen wollen. In beiden Fällen ist ihr Paradox aufgelöst und damit ihre größere Komplexitätstauglichkeit implodiert.

Der zugespitzte Antagonismus, der nun sichtbar wird, besteht darin, dass die Flüchtenden das Fundament des Neoliberalismus durch ihre pure Existenz und die Zahl ihrer Körper zum Einsturz gebracht haben. Die Behauptung der paradoxen Grenze entlarvt sich im Kontakt mit der globalen Realität als genau die Lüge, mit der nur diejenigen ausgeschlossen werden können, die sich selbst der neoliberalen Logik unterworfen haben.

Die Aktion des massenhaften illegalen Grenzübertritts ist insofern das größte Geschenk, das der Aufklärung über die gegenwärtige Ideologie gemacht werden konnte. Was Occupy in sehr viel kleinerem Maßstab geübt hat, die Besetzung von Räumen durch Körper, bekam eine Dimension, vor der niemand mehr die Augen verschließen kann. Nachdem die Paradoxie der Grenze so vorgeführt worden ist, wird es unmöglich sein, sie weiter zu behaupten. Der zentrale Baustein des liberalen Populismus ist vor den Augen der Welt kaputt gegangen. Die Flüchtenden haben damit eine Revolution eingeleitet, ohne dass sie das irgendwie gewollt oder geplant hätten und wozu die Linken in Europa in den letzten Jahrzehnten nicht in der Lage waren. Wenn die Linken diese Risse, die die Fassade des Neoliberalismus bekommen hat, nun den rechten Populisten überlassen, dann ist ihnen nicht zu helfen und dann sind sie auch keine Hilfe für die Welt.

Linker, rechter und liberaler Populismus. Ein Resümee

Populismus ist eine besondere Art der Anrufung, die je nach Art der politischen Ausrichtung und historischen Situation unterschiedliche Kommunikationsschemata bedient. Die gängigen Bestimmungen greifen von daher immer zu kurz. Populismus ist nicht erschöpfend dadurch zu erklären, dass er einfache Antworten auf komplexe Probleme gibt, einen Antagonismus von Volk und Eliten etabliert oder seine Führer die wahre Stimme des Volkes sein sollen. Je nachdem, welche politischen Narrative verwendet werden und in welcher historischen Phase sich der Liberalismus befindet, kann der Populismus gerade darin bestehen, die Widersprüche in den sozialen Gegensätzen durch komplizierte Erklärungen zu verschleiern, den Antagonismus von Eliten und Volk zu leugnen und die letzte Wahrheitsinstanz nicht beim Volk, sondern beim Markt zu behaupten. Der liberale Populismus stellt von daher alle gängigen Definitionen vor große Probleme. Er ist nur zu begreifen, wenn er als Herrschaftskommunikation untersucht wird, die das Volk als paradoxe Gemeinschaft von Gemeinschaftslosen anruft, um dadurch die Interessen des

Kapitals und des Egoismus als naturhafte Wahrheiten zu etablieren.

Der liberale Populismus ist aus der Verkehrung des Liberalismus zum Neoliberalismus entstanden. Atomisierte Subjekte, kapitalistische Ökonomie und die postmoderne Moral, die sich in den Sprachspielen der Political Correctness ausdrückt, sind eine robuste Synthese eingegangen, so dass hinter all ihrem Sprechen und politischem Handeln die Interessen unsichtbar geworden sind. Der liberale Populismus hat die paradoxe Form der liberalen Öffentlichkeit so für sich genutzt, dass nur noch seine Themen hier kommuniziert werden können und seine Argumente vernünftig wirken. Die offene Struktur des geschlossenen Systems täuscht dabei humane Ideale und eine höherwertige Moral vor, um die Ausbeutung global werden zu lassen. Seine paradoxe Grenzziehung ist wirkungsvoll, weil sie keine Angriffsfläche mehr bietet und jeder Einzelne selbst für den Ausschluss verantwortlich ist. Seine Hegemonie beruht auf der intelligenten Architektur der Paradoxien, deren Schlussstein in der Behauptung besteht, moralische Instanz und Gewinner der Globalisierung zugleich zu sein. In der gegenwärtigen Phase des Liberalismus provozieren seine größten Siege jedoch bei all den Ausgeschlossenen immer mehr Hass.

Der rechte Populismus ist weniger eine raffinierte Methode denn eine altmodische Weltanschauung. Die notwendige Unterscheidung, die zu einer Systemgrenze führt, wird von ihm so einfach konstruiert, dass sie eine Entlastungsfunktion in der komplexen Welt des Liberalismus erfüllt. Sein Angriff auf die offene Gesellschaft lässt an manchen Stellen die liberale Komplexität als das erscheinen, was sie in ihrer propagandistischen Funktion auch ist, eine Tarnung für andere Interessen. Doch diese Treffer sind eher zufällige Erfolge, da sie nicht auf einer Analyse der liberalen Ökonomie beruhen, sondern eher aus dem Hass auf die liberale Welt folgen. Dass dieser Hass immer auch das Produkt der jeweiligen sozialen Verhältnisse ist, will und kann der rechte Populismus nicht denken. Darum sind seine Angriffe eher dumpfe Explosionen. Die Wirkungen sind verheerend für die Kultur, da sie nicht selten aus rassistischen und nationalistischen Impulsen folgen, und die Angriffe wirken wie altmodische Kanonenkugeln, die in ein Rechenzentrum fallen. Der materielle Schaden ist beträchtlich, doch ist die Funktion des Netzwerks so nicht zu treffen.

Der linke Populismus müsste sich von diesen beiden Formen dadurch unterscheiden, dass er die intelligenteren Methoden und Argumente des Liberalismus nimmt, sie jedoch nicht als Schutzschild vor den ökonomischen Interessen instrumentalisiert. Zugleich müsste er seine Scheu vor der Durchschlagkraft der rechten Angriffe ablegen. Nicht jeder wirkungsvolle Antagonismus ist faschistisch und nicht jede einfache Antwort ist falsch. Ein linker Populismus müsste die Kraft der Dialektik zurückgewinnen, die die Widersprüche gerade nicht als naturgegebene Grenzen zwischen Völkern, Rassen und Menschen behauptet, sondern als Folge der ökonomischen Verhältnisse. Eine Zuspitzung dieser Gegensätze ist im besten Sinne populistisch, weil sie der alltäglichen Erfahrung des Volkes, dass es nicht gerecht zugeht, die Begriffe gibt, um die gefühlte Ungleichheit konkret benennen zu können.

Ein linker Populismus versucht, die Intelligenz der kapitalistisch entwickelten Argumente und Theorien zu übernehmen, um sie dann aus dem Selbstbetrug zu befreien, eine bessere Welt hervorzubringen. Die Welt ist nicht schon dadurch gut, weil der Einzelne sich einzureden vermag, unschuldig geblieben zu sein.

Ein linker Populismus benötigt die gröberen Waffen der Zuspitzung, um die feinen Methoden des alles verschlingenden Liberalismus so sehr in Not zu bringen, dass er an einigen Stellen seine wahren Interessen verrät. Ein zeitgemäßer Linkspopulismus verwendet nicht den traditionellen Antagonismus von Volk und Elite, sondern er hebt diesen Widerspruch auf den originären Diskursschauplatz des Liberalismus. Hier wird die populistische Zuspitzung zur aufklärerischen Waffe gegen die Verschleierungstechnik des liberalen Populismus. Der Angriff zielt also nicht primär auf seine Argumente, sondern auf die Form seines Sprechens in marktlogischen Argumenten und ambivalenten Konstruktionen. Nicht die Eliten stehen im Gegensatz zum Volk, sondern die Interessen des Kapitals, das sich hinter ihrer Moral und ihrer Sprache versteckt und das dadurch für das Volk zu einer unangreifbaren Instanz gemacht worden ist.

Erst wenn die liberale Fassade brüchig geworden ist und ihre vermeintlich objektive Vernunft als interessengeleitete Machtpolitik erscheint, ist der Raum der offenen Gesellschaft tatsächlich wieder geöffnet. Erst jetzt kann die eigentlich linke Politik zum Tragen kommen, wo andere Narrative und Erklärungen gelten als diejenigen, die bisher den Interessen der Eliten gedient haben. Die Zuspitzung der populistischen Angriffe ist eine notwendige Bedingung, um die Oberfläche der liberalen Öffentlichkeit zu durchstoßen. Erst wenn die Lüge der offenen Gesellschaft für alle sichtbar ist, kann der moralische Anspruch des vernünftigen Sprechens entlarvt werden und als das erscheinen, was er objektiv ist: ein Herrschaftsmittel.

Ist die Offenheit der Gesellschaft als Herrschaftsmittel für die Verwaltung und Produktion der Ungleichheit erkennbar, so entsteht das Bedürfnis nach Erzählungen und Utopien, wie die Dinge auch anders laufen könnten. Solange dieses Bedürfnis betäubt ist von der doppelten Strategie des liberalen Populismus – alles ist komplex und wer vereinfacht, ist ein Feind der offenen Gesellschaft –, so lange prallen die linken Narrationen am herrschenden Common Sense ab.

Die Brechstange des Populismus ist erforderlich und politisch sinnvoll, wenn die Risse in der Oberfläche keine leeren Provokationen bleiben oder von rechten Parolen gefüllt werden, sondern wenn durch die Risse wieder so viel Atem hineinkommt, dass eine andere Geschichte erzählt werden kann.

DAS
POLITISCHE
SPRECHEN

Der politische Kampf um die richtigen Grenzen wird innerhalb der offenen Gesellschaften (noch) mit Worten ausgetragen. Dass Worte nicht in jeder Situation das Gleiche bedeuten, ist bekannt, dass aber auch die großen Worte – Freiheit,
Gleichheit und Menschlichkeit ebenso wie Volk und Nation –
Verschiebungen ausgesetzt sind, die ihre Bedeutung sogar ins
Gegenteil verkehren können, gehört zu den Betriebsgeheim-
nissen der Macht. Die Wege, auf denen die positiven und
negativen Großbegriffe verändert werden, sind gut versteckt,
so dass ihre wesentliche Funktion nicht zu offensichtlich
wird: Sie alle sind Ausdruck von Ideologie.

In der gegenwärtigen Tragödie zwischen rechtem und
liberalem Populismus sind vier Erzählungen relevant, die auf
unterschiedliche Weise an der Verschiebung und ideologischen Vereinnahmung der Begriffe arbeiten. In den meisten
politischen Debatten unserer Tage treffen Aussagen des Ressentiments auf Aussagen der Political Correctness, und in fast
jeder Narration über unsere Gegenwart bilden die Moral des

Liberalismus und die Ökonomie des Kapitalismus die Maßstäbe der Bewertung.

Die Begriffsgeschichte des Ressentiments zeigt, wie der Begriff bis heute von der Bourgeoisie im Klassenkampf verwendet wird, und die Diskursgeschichte der Political Correctness zeigt, wie ihre Paradoxien zu einem ausschließenden Sprechen führen. Die Moral und die Ökonomie setzen sich immer häufiger an die Stelle des politischen Antagonismus, was zu den bekannten Folgen einer postpolitischen Gesellschaft führt. So ergänzen sich Ressentiment, PC, Moral und Ökonomie in der Absicht, soziale Konflikte nicht mehr als Klassengegensätze austragen zu können, sondern sie auf individuelle Verhaltensweisen zu reduzieren. Der Populismus greift den falschen Frieden an. Was daran falsch ist, sollten aber vor allem die Verteidiger der offenen Gesellschaft begreifen.

Ressentiment

Nietzsches Beschreibung des Ressentiments hat bis heute den Begriff vergiftet. In seiner „Genealogie der Moral" stellt er die Moral des Herrenmenschen gegen die Sklavenmoral. Der Sklave bildet, da er sich selbst und der Welt gegenüber unfrei ist, ein „Schielen der Seele" aus. Er schaut mit neidischem Blick auf das schöne Leben der anderen. Der Neid treibt ihn aber nicht dazu, selbst auch ein schönes Leben zu wollen, sondern frisst sich als Gift in seine Existenz. Er wird unglücklich und will darum, dass alle anderen auch nicht glücklich sein sollen. Das Re-Sentiment ist sein rückwärtsgewandtes Gefühlsgedächtnis, das ihn in jedem guten Moment an das eigene Unglück erinnert und so mit einem Schatten überzieht.

Die Ausbildung dieser Charaktereigenschaft hat Nietzsche in eine biblische Vorzeit verlegt, als die Juden in Gefangenschaft oder Verbannung geraten waren und darum ein Mittel ersinnen mussten, um gegen die Übermacht der Unterdrücker bestehen zu können. Das Mittel ist seiner Meinung nach das Ressentiment, mit dem sich die Juden „durch eine radikale Umwerthung von deren Werthen, also durch einen Akt geistiger Rache Genugthuung zu schaffen wussten."[41] Die berühmt gewordene Umwertung aller Werte besteht für Nietzsche darin, dass von nun an alle Werte nur noch relativ sind und darum der Nihilismus die Entwertung aller Werte betreiben kann. Indem die Unterdrückten die Werte ihrer Herren entwerteten, traten sie eine Lawine los, unter der die nicht relativierbaren Werte begraben wurden. Die bösen Folgen sieht Nietzsche in den jüdisch-christlichen Religionen, wo nur noch die Unterdrückten die Guten sein sollen, für die es eine Seligkeit gibt. Vor allem das Christentum hat diesen Racheplan der Juden gegen ihre Unterdrücker übernommen und als Sklavenreligion weltweit verbreitet.

Es ist offensichtlich, dass Nietzsche die Geburtsstunde des Ressentiments als Rache der Sklaven antisemitisch begründet. Nach dieser Weltanschauung gibt es Herren und Sklaven, aber diese Unterteilung ist nicht Folge von ökonomischen oder kriegerischen Kämpfen, sondern resultiert aus der jüdischen Religion, die für den Umgang mit der Unterdrückung die spezifische Antwort des Ressentiments findet. Für Nietzsche ist die Klage über das eigene Geschick, als Sklave unter Herren leben zu müssen, keine berechtigte Kritik, die zu einem Aufstand führt, sondern ein religionsbegründeter Charakterfehler, der den Einzelnen dazu verleitet, den eigenen Status als Sklave immer weiter zu verfestigen, indem er eine Sklavenmoral ausbildet, durch die er selbst und die Herren vergiftet werden.

Der absolute Albtraum des Ressentiments beginnt für Nietzsche aber erst mit der christlichen Religion, wo der „Sklavenaufstand in der Moral damit beginnt, dass das Ressentiment selbst schöpferisch wird und Werthe gebiert".[42] Hier beginnt die Aufzählung all der negativen Eigenschaften, die bis heute gemeint sind, wenn von Ressentiment gesprochen wird: Die Sklavenmoral sagt „Nein", wo die Herrenmoral „Ja" sagt. Sie sagt Nein zu einem Außerhalb, zu einem anderen, zu einem Nicht-Selbst und dieses Nein ist ihre schöpferische Tat.

Die Aktion der Sklavenmoral ist darum vor allem Reaktion, weil die Sklaven eben über keine originäre Handlungskraft verfügen. Ganz anders handelt dagegen die Herrenmoral, „sie agirt und wächst spontan, sie sucht ihren Gegensatz zu sich auf, um zu sich selbst noch dankbarer, noch frohlockender Ja zu sagen".[43] Und wenn sie doch einmal auf etwas in ihrer Umwelt stößt, das ihr Missfallen erregt, so folgt daraus eher ein leichtes Kräuseln der Stirn als ein ernsthaftes Problem. „Wir Vornehmen, wir Guten, wir Schönen, wir Glücklichen" schauen vielleicht mit Verachtung auf das gemeine Leben, doch ist in dieser Verachtung viel weniger Hass als in dem neidischen Blick des Ressentiments. In der Verachtung ist zu viel Nachlässigkeit und zu viel eigenes Frohgefühl, als dass sie sich tatsächlich mit ihrem Objekt ernsthaft beschäftigen müsste. Die Glücklichen wohnen bei Nietzsche im Recht, während die Unterdrückten durch ihr Ressentiment den Beweis liefern, dass sie zu Recht unter-

drückt werden. Ihr Neid, ihre Missgunst und ihre Feindselig-
keit allem Fremden gegenüber muss unterdrückt werden.

Wer bei diesen Beschreibungen an die zahlreichen Talkshows
denkt, in denen ein Vertreter der AfD einer Anzahl von Ver-
tretern der etablierten Parteien gegenübersitzt, der wird sich
verwundert die Augen reiben, wie exakt Nietzsche genau
diese Situation beschrieben hat. Die Arroganz, mit der die
bewährten Vertreter und Vertreterinnen des Juste Milieu dort
auftreten, entspricht dem Ekel des Herrenmenschen vor dem
Ressentiment der Sklaven. Das hochmütige Wegblicken des
SPIEGEL-Erben Jakob Augstein oder die genervt hochgezo-
genen Augenbrauen von Gesine Schwan sind die gestischen
Symbole der Herren unserer Zeit.[44] Man erachtet die Sklaven
des Ressentiments für keines Blickes würdig und der eigene
Körper drängt weg, um keinen gemeinsamen Raum entstehen
zu lassen. Ihr Gestus scheint unentwegt signalisieren zu wollen, wir haben nichts gemein mit euch und es ist unsere pein-
liche Pflicht, dieses öffentlich vorzuführen. So offenbart sich
der Gestus des postmodernen Herrenmenschen in Talkshows,
deren Unterhaltungs- und Erkenntniswert gerade darin
besteht, möglichst unterschiedliche Positionen aufeinandertreffen zu lassen.

Da lohnt es sich, etwas genauer zu überlegen, welche
ideologische Tendenz Nietzsche in den Begriff gebracht hat.
Indem der Unterdrückte seinen Widerstand nur im Ressentiment findet, spricht Nietzsche ihm das Recht zum Aufstand
ab. Sein Kampf gegen die Unterdrückung hat durch die jüdi-
sche und christliche Religion den falschen Weg eingeschlagen,
da der Sklave, statt zu kämpfen, den Angriff in die Moral und
damit in die symbolische Ordnung verschoben hat.

Der Begriff des Ressentiments wird zur Beschreibung eines Rückzugs aus den realen Handlungsmöglichkeiten in die vereinzelte Existenz. Aus einem Gefühl der Ohnmacht entsteht nicht das planende Nachdenken, wie durch Solidarität, Strategie und Taktik etwas zu verändern wäre, sondern es verfällt in Resignation, deren angestaute Energien zu einer „seelischen Selbstvergiftung"[45] führen. Ist die Blockade erst einmal größer als die Kraft zur Veränderung, treten die Wünsche und Fantasien zurück ins Subjekt und verwandeln sich in die typischen Merkmale des Ressentiments: Hass, Bosheit, Neid, Rachegefühle.

Jean-Paul Sartre beschreibt in seiner biografischen Analyse von Gustave Flauberts „Der Idiot der Familie" die Entstehung eines Charakters, der von Ressentiment gepeinigt wird. „Der passive Gehorsam erzeugt das Ressentiment und schreibt ihm seine Grenze vor, wodurch er es hindert, in Haß umzuschlagen. So empfindet der Sklave, solange die Revolte unmöglich ist – besser, solange sie undenkbar ist".[46] Hier ist das Ressentiment nicht mehr Stigma einer Religion, die eine Sklavenmoral produziert, sondern es wird zur seelischen Antwort auf eine Situation, in der der Mensch unfrei ist. Unfrei in seinen Handlungen, da er einem Zwang ausgesetzt ist, und unfrei in seinen Gedanken, auf diesen Zwang anders reagieren zu können als mit der seelischen Selbstvergiftung.

So erinnert das Ressentiment an die psychologische Eigenart der „passiven Aggression", die erstmalig während des Zweiten Weltkriegs bei US-amerikanischen Soldaten wissenschaftlich beobachtet wurde. Durch die Wehrpflicht wurden junge Männer zum Kriegsdienst gezwungen, die hierzu weder körperlich noch geistig in der Lage waren. Ihre Reaktion auf den übermächtigen Zwang bestand in einer paradoxen Art der Verweigerung. Sie zogen sich in sich selbst zurück und funktionierten nur noch mechanisch. Dadurch gaben sie keinen Anlass, für eine direkte Befehlsverweigerung bestraft zu werden, aber durch die Art ihres Handelns signalisierten sie eine permanente Verweigerung. Das kommunikative Paradox der passiven Aggression wurde später als Double Bind zum gängigen Muster von verfehlter Beziehungskommunikation. Man sagt das eine und meint etwas Gegenteiliges. Egal, worauf der andere nun reagiert, er liegt falsch. So macht sich der Double Bind nicht nur unangreifbar für direkte Antworten, er versetzt seine Umwelt auch in die Situation, notwendig falsch zu reagieren, wodurch das Gefühl der eigenen Ohnmacht und unrechtmäßigen Behandlung immer weiter bestätigt wird.

Die letzte Verwandlung des Ressentiments beschreibt ebenfalls Sartre, wenn er in ihm eine neue Waffe im Klassenkampf des 19. Jahrhunderts entdeckt, und zwar eine Waffe der oberen Klasse gegen die Revolten der Arbeiter. Indem die Arbeiter die Kapitalisten mit ihrem Klassenhass verfolgten, sahen sich diese in einer Zwickmühle: Entweder geben sie den Forderungen der Arbeiter nach, um deren Hass zu besänftigen, und bestätigen damit implizit die Gewalt ihrer Ausbeutung, oder sie beharren auf ihren Eigentumsrechten und müssen sich mit dem Hass arrangieren.

Die bürgerliche Art des Arrangements zeugt für Sartre von einer fundamentalen psychologischen Wende des 19. Jahrhunderts. Denn natürlich haben die Kapitalisten aus den Klassenkämpfen nicht den Schluss gezogen, dass am Kapitalismus etwas falsch sein muss, wenn so viele Menschen sie dafür so sehr hassen, sondern sie haben den Hass zu einem

individuellen Problem gemacht. Zwar haben die Klassen-
kämpfe es unmöglich gemacht, das unternehmerische Handeln umstandslos als gut zu begreifen, doch bleibt noch ein
Ausweg, ohne etwas an den Eigentumsverhältnissen ändern
zu müssen: „die Flucht in eine Ressentimentkultur".[47]

Der Trick, den die bürgerliche Klasse nun anwendet,
wird zu einem der wichtigsten Mittel, um in einer Demokratie den Machtkampf gewinnen zu können. Er besteht darin,
die Erzählung vom Gegensatz der Klassen durch eine andere
Erzählung zu überschreiben. Nicht die Klassen stehen sich in
der neuen Narration unversöhnlich gegenüber, sondern einzelne Menschen. Und wenn sich Menschen im Hass begegnen, dann sind nicht die kapitalistischen Verhältnisse daran
schuld, sondern ihr individueller Charakter. Die bürgerliche
Version der Geschichte des Kapitalismus lautet nun: Ihr
Arbeiter behauptet, wir Kapitalisten sind schlecht, dann lautet unsere Antwort, dass der Mensch generell schlecht ist.

Mit dieser Einsicht beginnt die bürgerliche Kultur des
Lebensekels, der existentialistischen Abgründe und des Lust-
gruselns angesichts der Bestie Mensch. Geboren aus dem
Wunsch der Ausbeuter, die ungerechte Verteilung des Reichtums zu verteidigen, wird der einzelne Mensch zur Bestie
erklärt. Ab jetzt ist nicht mehr der Kapitalismus schuld am
Elend der Welt, sondern der schlechte Charakter der Menschen.

Dieser Trick ist bis heute so erfolgreich, weil er verschiedene Widersprüche in einer Wendung aufzuheben versteht.
Eine Systemfrage wird zu einer Frage des individuellen Charakters, der Klassenhass wird zu einem subjektiven Fehler
und die Energien von Hass und Selbstzweifel finden ein Ventil im Ressentiment, das sich nun gegen die Gattung Mensch
richtet.

Die behauptete Gleichheit der Menschen zumindest in der Schlechtigkeit blieb im 19. Jahrhundert nicht unwidersprochen, sondern wurde durch den immer noch herrschenden Klassengegensatz wiederum unterteilt. Wenn alle schlecht sein sollen, so sind doch einige schlechter als die anderen, und diese schlechteren Menschen gehören natürlich zur unteren Klasse. Ihre charakterlichen Mängel sind nicht nur Folge der allgemeinen menschlichen Verderbnis, sondern sind gesteigert durch das besondere Ressentiment, das die untere Klasse gegen die obere entwickelt hat.

Hier schließt sich also wieder der Kreis zum nietzscheanischen Begriff des Ressentiments. Die Schlechtigkeit der unteren Klasse ist moralisch verwerflich, da sie aus niederen Beweggründen resultiert, während die Schlechtigkeit der oberen Klasse der Ausweis ihres Adels ist, der sich in Lebensekel und gesteigerter Sensibilität zeigt. Der Herr agiert mit freien Sinnen und reflexivem Gemüt; wenn dabei einiges zu Bruch geht, mag ihm das verziehen sein. Der Sklave agiert unfrei und darum linkisch. Er hat also keinen Anspruch darauf, dass sich aufgrund seines neidischen Tuns etwas verändert.

In Nietzsches Ressentiment ist also die ganze Verdrehung des Begriffs zusammengefasst und philosophisch geadelt, so dass die besitzende Klasse ihn in dieser Form dankbar aufgreifen konnte. Von jetzt an ist mit Ressentiment immer eine Hemmung des Menschen gemeint, dessen Kräfte nicht ausreichen, um sich von den Fesseln zu befreien, und die darum zur seelischen Vergiftung führt, die zur passiven Aggression wird oder zu den Gefühlen von Rache, Neid und Hass.

Der Begriff des Ressentiments wird von einem psychologischen Begriff zu einem ideologischen, indem von der bürgerlichen Klasse zwei unterschiedliche Arten von Ressentiment behauptet werden. Es gibt nun das gute Böse des Herren, der sich dadurch als besonders freier, aufregender und komplexer Charakter zeigt, und es gibt das linkische Böse des Sklaven, der für seine niederen Triebe nur Verachtung verdient. Das Leben des Herren fließt frei und verströmt sich als Lebensenergie, während das Ressentiment des Sklaven die verborgenen Wege der Missgunst sucht. Der Herr ist der schöpferische Zerstörer des Kapitalismus, der Sklave ist die eingesperrte Seele, die von der Freiheit überfordert wäre.

So wird das Ressentiment durch den Klassenkampf zu einem Begriff, der dazu taugt, die Revolten der unteren Klassen moralisch abzuwehren. Ressentiment ist von nun an alles, was eine Veränderung herbeiführen will, die der herrschenden Klasse nicht gefällt. Indem alle revolutionären Impulse zu individuellen Charakterfehlern erklärt werden, sind die systemischen Ursachen unsichtbar gemacht.

Die politische Haltung des bürgerlichen Liberalismus kleidet sich in die moralische Sorge: Wie gehen wir, die guten Eigentümer, mit denjenigen um, die das Leben der freien Menschen mit Ressentiment verfolgen? Völlig verdrängt wird dadurch die Frage: Warum konnte der eine seine individuelle Freiheit ausbilden und Kapital akkumulieren, während der andere in sich selbst zurückgestoßen wurde und nicht nur seine Freiheit, sondern auch die Möglichkeit, Freiheit denken und erringen zu können, verloren hat?

Diese Unterscheidung wird in der Moderne endgültig zur Waffe der oberen Klasse gegen die untere, wenn die Anerkennung der allgemeinen Schlechtigkeit zum Selbstzwang des bürgerlichen Subjekts erhoben wird. Nur wer bereit ist, den Menschen als schlecht zu denken und diese

Schlechtigkeit in sich anzuerkennen, kann Mitglied der bürgerlichen Klasse werden. Nur noch die bürgerliche Bildung kann die Veredelung der Triebe und Gefühle in produktive Bahnen lenken. So wird aus einer Kritik an den Klassenverhältnissen eine psychologische Eigenschaft, die zum Distinktionsgewinn der oberen Klasse führt. Aus der konkreten Kritik an den Klassengegensätzen wird eine allgemeine und damit abstrakte Bestimmung der menschlichen Existenz. „Wer sich dagegen der Arbeit des Opferns [der eigenen Schlechtigkeit] verweigert, so wie breite Volksmassen es angeblich tun, der bleibt unterhalb der Stufe der sozialen Satisfaktionsfähigkeit."[48]

Die ideologischen Folgen dieser Unterscheidung finden sich in allen Lebensbereichen. Wer sich über die Welt im Allgemeinen beklagt, der macht bürgerliche Kunst, wer die Welt im Konkreten angreift, der ist von Ressentiments geplagt und sollte sich besser nicht öffentlich äußern, sondern zum Psychiater gehen. Wer seinen Charakter durch Bildung veredelt, kann erwarten, dass seine individuelle Besonderheit anerkannt wird. Wer hingegen seinen Egoismus nicht ins Gewand der liberalen Selbstbildung hüllen kann, dessen Wünsche müssen als Charakterfehler unterdrückt werden.

So sublimiert die herrschende Klasse den Hass, der ihr von der Welt entgegengebracht wird, zum Selbstopfer, das jeder seiner Existenz bringen muss. Selbsthass, Melancholie, Masochismus des Verzichts und all die anderen Tugenden des Bürgertums werden zum Ausweis einer adeligen Gesinnung, in der das Elend der Welt ganz allgemein auf sich genommen wird. „Eine ressentimentale Herrenmoral des Selbstopfers erklärt den Hass auf die Herrenklasse zum Ressentimenthass, zum Sklavenaufstand, der die allgemeinmenschliche Verderbnis, mit der jeder geschlagen ist, bloß externalisiert, statt sie im eigenen Inneren aufzusuchen und in einen Selbsthass auf die eigene Schlechtigkeit umzubiegen."[49]

Das Distinktionsmerkmal Ressentiment wird zur dominanten Triebkraft der bürgerlichen Kultur des 19. Jahrhunderts und es bestimmt die offenen Gesellschaften bis heute. Das Klassenverhältnis ist dadurch von einem politischen Antagonismus zu einer neurotischen Beziehung verdreht worden. An der Ausarbeitung dieser Neurosen ist die Kunst maßgeblich beteiligt und die Geschichte ihrer Stile und Ästhetiken ist ein Museum des relativierten Rassismus, mit dem die besitzende Klasse die Angriffe auf ihre Privilegien abwehren wollte. Man zeichnet sich selbst als Fratze, um durch Überaffirmation der Kritik den Wind aus den Segeln zu nehmen. Man betont die Zerrissenheit des Lebens, um jeder konkreten Änderung den Ansatzpunkt zu rauben. Man arbeitet an der Unerklärlichkeit der Welt, statt die Unterscheidung zwischen dem Erklärbaren und dem Unerklärlichen politisch zu begreifen.[50]

Wer heute also, wie in jeder Nachrichtensendung gedankenlos wiederholt wird, in politischen Zusammenhängen von Ressentiment spricht, sollte sich die Mühe machen, die eigene Position in diesem Spiel der Distinktionsgewinne zu erforschen. Wer heute von Ressentiment spricht, um eine andere Meinung zu diskreditieren, benutzt in den allermeisten Fällen genau den Begriff, den die herrschende Klasse für sich geformt hat und der durch seine antisemitische Herleitung durch Nietzsche zum Allgemeingut der deutschen Kultur geworden ist. Der Vorwurf des Ressentiments ist heute der bevorzugte Ausdruck für den Rassismus der Eliten gegen alle, die gegen sie revoltieren.

Wer zu den Sublimationsleistungen der Eliten nicht in der Lage ist, dessen Forderungen werden mit dem pauschalen Urteil des Ressentiments stillgestellt. Die Kämpfe gegen Rassismus sind so lange nicht gewonnen, wie die Gewalt der ausgrenzenden Sprache nicht in allen Bereichen der Ungleichheit angegangen wird. Durch die einseitige Fokussierung auf die Fragen von Race und Gender ist dieser Diskurs weitestgehend erblindet für die Ausgrenzungen, die aus den Eigentumsverhältnissen resultieren. Ungestraft macht heute niemand mehr einen Witz, der sexistische oder rassistische Anteile hat. Über Arbeiter, prekäre Existenzen und Forderungen nach Gleichheit kann gefahrlos gelacht werden. Das liberale Milieu, das bei jedem Anschein eines rassistischen Satzes Alarm schlägt, hat selbst keinerlei Hemmungen, über die „dummen" Wähler, die für die AfD, Donald Trump oder den Brexit stimmen, zu schimpfen. Und das Bild der champagnertrinkenden Broker auf der Frankfurter Börse, die den Demonstranten von Occupy höhnisch zuprosteten, hat nicht ansatzweise die Empörung hervorgerufen, die ein dümmlicher Kommentar eines alternden Berufspolitikers über das Dekolleté einer Journalistin provoziert hat.

Würde das, was die Gesellschaft im Umgang mit Minderheiten gelernt hat, auf den Klassengegensatz übertragen, könnte man erkennen, dass Eliten, die sich ungestraft über die Unterdrückten erheben, indem sie ihre Forderungen als Ausdruck von Ressentiment abtun, das Fundament der Gleichheit verletzen. Die Bezeichnung von Protest als Ressentiment gehört gründlich auf ihren diskriminierenden Gehalt untersucht, mit dem die oberen Klassen die unteren mundtot machen wollen.

Die Geschichte der Political Correctness fängt in den Seminarräumen europäischer und nordamerikanischer Hochschulen an. In den 1960er Jahren wurde als Folge der performativen Wende dort ein Gedanke verstanden, den das Theater schon seit über zweitausend Jahren vorführt: Worte können verletzen, mit Sprache kann gehandelt werden und Kommunikation ist immer auch ein Kampf. Die verspätete Einsicht führte bei den Dozenten und ihren Studenten als Erstes dazu, dass aus ihnen DozentInnen und StudentInnen wurden. Niemand sollte sich mehr durch die männliche Sprachform ein- oder ausgeschlossen fühlen.

Indem man diesen Gedanken für alle sozialen Gruppen und Milieus durchdeklinierte, bemerkte man, dass derjenige oder diejenige, der oder die über die Worte und ihre Verwendung entscheidet, die Macht hat. Von nun an wurde der Kampf, der in zivilisierten Kulturen nicht mehr mit körperlicher Gewalt, sondern mit den Mitteln der Sprache geführt wird, auf einen Kampf um die Waffen der Sprache ausgeweitet. Die überraschende Einsicht für die Entdecker von Aggressionen, die in Worten stecken, war, dass auch ihr Kampf um die korrekte Sprache eine Menge Gewalt benötigt, um die falschen Worte aus den Köpfen zu verbannen.

So öffnete sich ein Widerspruch, der bis heute das Feld der Political Correctness auseinanderreißt. Auf der einen Seite nimmt die Zahl derjenigen zu, die mit immer feineren Ohren den Diskriminierungen nachhorchen. Und auf der anderen Seite schwellen Shitstorm und Hatespeech zu einem Orkan an, wenn jemand bei einer politischen Unkorrektheit ertappt wird. Dünnhäutige produzieren öffentliche Schandsäulen. Legendär ist der Fall einer Frau, die vor ihrer Abreise nach Afrika einen Tweet losschickte, der während ihres Fluges zu einer weltweiten Empörung führte, so dass sie bei der Landung nicht nur die am meisten gehasste Frau der Welt war, sondern auch ihren Job und alle Freunde verloren hatte. Der Tweet lautete: „Ich fliege nach Afrika. Hoffe, ich bekomme kein Aids. Nur Spaß. Ich bin weiß."

Es lohnt sich also, über die Widersprüche der Political Correctness nachzudenken. Der Abgrund zwischen der Hypersensibilität auf der einen Seite und der brutalen Bestrafung auf der anderen führt nicht nur zu immer groteskeren Aktionen, er hat offensichtlich eine Ursache, die im Sprachverständnis der PC-Anhänger liegt. Geht man von der richtigen Beobachtung aus, dass Sprechen ein Handeln ist, das auch verletzen kann, so ist es folgerichtig, dass bestimmte Worte, die als Waffe taugen, umsichtig gebraucht werden müssen. Alle Kulturen haben Tabus errichtet, mit denen sie das Sprechen regulieren. Der Respekt gebietet einen höflichen Umgang miteinander und jede Erziehung besteht in der Vermittlung von Werten, die in der Sprache aufgehoben sind.

Was passiert aber, wenn eine bestimmte Gruppe in der Gesellschaft die Macht bekommt, die Regeln für das Sagbare bestimmen zu dürfen? Totalitäre Regime haben schon immer gewusst, dass derjenige, der das Sagbare bestimmt, auch das Denkbare beherrscht. Die Regulierungen der Political Correctness bringen einen postmodernen Spin in die Herrschaft durch Sprache. PC begründet die Macht, Sprache regulieren zu dürfen, nicht mehr mit einer Machtposition, sondern mit der Opferposition. Dadurch entsteht eine neue Art der Legitimation: Zum einen wirkt PC dadurch wie ein Befreiungskampf von unterdrückten Minderheiten, zum anderen beruft man sich darauf, dass jedes Opfer das moralische Recht einklagen darf, sich über seinen Status zu beschweren.

Die politische Frage, die mit dieser Begründung verdrängt wird, besteht jedoch darin, wer darüber entscheidet, wer als Opfer Forderungen stellen darf und wer nicht. Die Folge dieses blinden Flecks führt zum ersten dialektischen Umschlag der Political Correctness. Je mehr die Macht der Sprachregulierungen anwächst, desto wertvoller wird die Position des Opfers. Nur wer diese innehat, kann sich selbst von den Regulierungen der PC befreien und anderen vorschreiben, wie sie zu sprechen haben. Der blinde Fleck dieses Legitimationsdiskurses funktioniert so gut, weil er sich auf den moralischen Konsens stützt, demzufolge nur das Opfer entscheiden kann, wodurch es sich beleidigt fühlt. Indem das Gefühl des Opfers die Letztbegründung ist, verfügt es nun über die Macht, zwischen Freund und Feind zu unterscheiden.

Jeder, der sich durch etwas in seiner Umwelt unangenehm betroffen fühlt, kann mit Hilfe der PC sein Gefühl zur Waffe gegen die Verursacher seines Unwohlseins machen. Die Parallele zu allen Formen der Denunziation ist leicht zu erkennen. Dass jemand eine Hexe, ein Verräter oder ein Feind ist, lässt sich am unwiderlegbarsten mit dem Gefühl begründen, dass einem irgendwie unwohl in dessen Nähe ist. Die Geschichte der Grausamkeiten zeigt, dass immer, wenn das Gefühl der Betroffenheit zur Legitimation einer gesellschaftlichen Ächtung taugte, es zum Freibrief für Willkür wurde: Ich fühle mich verletzt, also muss derjenige, der mich verletzt hat, dafür bestraft werden.

Je zuverlässiger dieser Mechanismus funktioniert, desto begehrter sind die Freibriefe des Opferstatus, und wie um jedes knappe Gut, das gesellschaftliche Vorteile verschafft, entbrennt hierum ein Kampf. Die Pointe an dem Kampf um den Opferstatus unserer Zeit liegt darin, dass er wiederum mit den Mitteln der Political Correctness geführt wird. Der Diskurs, der einst dazu führen sollte, die Waffen der Sprache menschlicher zu machen, ist die neue Waffe im Kampf um die begehrtesten Plätze, von denen aus man das Sprechen der anderen überwachen darf.

Dieser dialektische Umschlag ist kein Zufall, sondern die notwendige Folge eines Widerspruchs, der die Political Correctness seit ihrer Erfindung begleitet. Der Widerspruch besteht darin, dass auf der einen Seite behauptet wird, jede Identität sei die Folge von kulturellen Verabredungen, weswegen die Gewalt der Sprache vor allem darin liegt, Identitäten festzulegen. Wer also die Festlegungen auflösen will, muss das Sprechen verändern, um die Menschen aus der Gefangenschaft der Zuschreibungen zu befreien. Gleichzeitig wird vom selben Diskurs aber auch das Gegenteil behauptet, wenn durch ihn Identitäten festgeschrieben werden, die jenseits von sprachlicher Macht existieren sollen. In diesen Fällen ist also nicht mehr die Sprache das Problem, sondern der Mensch. Diese festgeschriebenen Identitäten werden vom PC-Diskurs dann auf beiden Seiten der Front verortet: Rassisten sind böse Menschen, sie wurden nicht dazu gemacht. Und Opfer sind auch dann noch im Recht, wenn sie schon lange ihre Opferrolle dekonstruiert haben. Man wird zwar von der Gesellschaft zur Frau gemacht, doch darf aus der Position der Frau nur diejenige sprechen, die auch biologisch eine Frau ist. Andererseits hilft, wenn man als Rassist erkannt ist, kein Sprechen mehr, um sich davon zu befreien. Das Gründungsparadox des identitätspolitischen Diskurses führt in der Gegenwart zu immer absurderen Folgen. Damit entfernt es sich immer weiter von dem Fortschritt, den die Gesellschaften durch die dialektische Bestimmung des Menschen erreicht hatten. Man wurde in bestimmte Verhältnisse geboren, doch sollte man davon so wenig wie möglich in seiner Entwicklung behindert werden. Gegen die einfache Wahrheit, dass das Sein das Bewusstsein bestimmt und darum alle zusammen gegen die Zwänge des Seins kämpfen müssen, stellt die Identitätspolitik das Paradox der Vereinzelung.

Wenn Populisten einen Konflikt zwischen Eliten und Volk behaupten, nutzen inzwischen auch die so angesprochenen Eliten die paradoxe Argumentation der PC für ihre Verteidigung. Wenn die liberalen Eliten fordern, dass z. B. Rassisten keinen Raum bekommen dürfen, ziehen sie damit eine Grenze, über die nicht verhandelt werden darf. Jede Bereitschaft, die anderen zu verstehen und ihnen damit das gleiche Recht auf eine Meinung zuzugestehen, wäre nach dieser Logik eine Kapitulation vor dem Bösen. Ganz im Gegensatz dazu steht jedoch ihre Begründung, warum sie selbst auf keinen Fall als Eliten bezeichnet werden dürfen. Denn dadurch werden sie in unstatthafter Weise zu einer Gruppe zusammengefasst, wo sie doch Individuen sind. Als solche stehen sie gemeinsam gegen die Rassisten, doch wollen sie auf keinen Fall als Gruppe von den Populisten identifiziert werden.

Das Paradox der Political Correctness wird zum strategischen Vorteil des liberalen Populismus, da er für sich in Anspruch nimmt, dass alle Individuen sind, die nur zufällige Gemeinsamkeiten mit anderen haben. Das Motto lautet: Wir sind die Gemeinschaft, die keine Gemeinschaft ist. Es gibt also keine Elite, so wie es kein Volk oder keine Klasse geben darf. Den anderen jedoch, die z. B. als Gruppe von Rassisten festgelegt sind, wird eine Identität zugeschrieben, die keine Entschuldigung kennt. Die paradoxen Individuen sprechen diesen

Menschen ab, dass sie vielleicht nicht von Natur aus so denken, sondern auch sie dazu gemacht worden sind. Der Wettbewerbsvorteil der Eliten besteht darin, die eigene Identität oder Gruppe, wenn sie von außen als solche bezeichnet wird, sofort dekonstruieren zu können. Sie verbitten sich dann augenblicklich eine solche Festlegung, indem sie die Bezeichnung z. B. als Elite als populistische Gewalt diffamieren.

Der PC-geschulte Zeitgenosse verfügt damit über eine gut funktionierende Paradoxie, mit der er seine eigene Identität immer so darstellen kann, wie es seinen Interessen dient, und zugleich kann er die Identität der anderen so festlegen, wie es ihnen am meisten schadet. Man selbst bleibt Herr seiner Individualität, während die anderen zu Gruppenidentitäten vereinigt werden können. Wer diese Technik am virtuosesten beherrscht, hat die Definitionsmacht und ist zugleich selbst unangreifbar, da er jede Festlegung als Aggression empfindet, womit man wieder am Anfang der PC-Begründung wäre. Man selbst ist immer die Ausnahme, aus der man keine Regel ableiten darf. Die anderen hingegen sind nur ein Beispiel für eine Regel, die bekämpft werden muss.

Die Folgen dieser Sprachherrschaft sind für die öffentliche Kommunikation fatal. Die paradoxe Konstruktion der Political Correctness hat sie zu einer wirkungsvollen, aber schwer zu bedienenden Waffe gemacht. Man muss schon einige Semester in den entsprechenden Seminaren zugebracht haben, um dieses Sprachspiel zu beherrschen und für seine eigene Lebenssituation die richtige Opferrolle gefunden zu haben.

Die intellektuellen Eliten haben die Sprachüberwachung und ihre Codes so hegemonial ausgebaut, dass man sie als die höfische Sprache unserer Zeit bezeichnen kann. Es braucht lange, um sie zu erlernen; sie hat ein fein differenziertes Vokabular für die größten Grausamkeiten und sie dient immer demjenigen, der sie am besten beherrscht. Der Aufstand mit den Mistgabeln der Populisten wirkt so ungeschlacht wie seinerzeit die Sprache der Bauern gegenüber dem Latein der Kirchenfürsten. Doch es ist nicht schwer vorauszusagen, dass auch der heutige Feudalismus an seinen eigenen Widersprüchen zugrunde gehen wird. Im Moment ist die offene Gesellschaft in eine historische Phase geraten, wo ihre größten Siege ihre größten Niederlagen sind. Jedes paradoxe Gerede über die unabsichtliche Arroganz des entwickelten Sprechens und die gegenseitige Bestätigung, dass man doch das Gute gewollt aber vielleicht nicht immer die richtigen Worte gefunden habe, damit einen das einfache Volk auch versteht, treibt die Menschen scharenweise in die Arme der Populisten.

Wenn die Eliten noch etwas tun wollen, um den Liberalismus und nicht nur ihre eigenen Privilegien zu retten, dann sollten sie anfangen, ihre Herrschaftssprache von den Paradoxien der Political Correctness zu befreien. Die anderen sind nicht dumm, nur weil sie nicht im PC-Duktus reden. Und nur weil man es geschafft hat, die Privilegien der Elite zu genießen, ohne dafür zur Verantwortung gezogen werden zu können, ist man kein guter Mensch. Sprechen bedeutet nicht nur, die Kontrolle über die Sprache des anderen haben zu wollen.

Wie wäre es, wenn die entwickelte Intelligenz ihr geschärftes Sprachgefühl nicht nur zur Verteidigung der eigenen Privilegien nutzen würde, sondern sich um diejenigen kümmerte, deren Stimme nicht so leicht gehört wird, weil sie vielleicht Worte gebrauchen, die den höfischen Ohren wehtun? Warum wendet sich die Aggression der Political Correctness nicht gegen einen sehr viel mächtigeren Feind, als es ein Mensch ist, der weniger Glück mit seiner Herkunft hatte und weniger Geld für seine Bildung ausgeben konnte? Warum traut sich die ganze Armee der PC-Könner nicht an die Sprachspiele des Kapitals? Denn ist die Diskriminierung durch Armut nicht eine ebenso brutale Ausgrenzung wie die durch Race und Gender? Die global produzierte Ungleichheit wäre doch ein lohnendes Ziel für das Gerechtigkeitsempfinden der entwickelten Intelligenz. Und der Klassenrassismus, der sich in unzähligen Formulierungen findet, wäre es wert, einmal dekonstruiert zu werden.

Einige ungewollte Folgen haben sich für die liberalen Gesellschaften aus dem Paradox der Political Correctness ergeben. Erstens führt die Übersensibilität bei allen Themen, die die Identitätspolitik betreffen, dazu, dass jede dümmliche Provokation zu einem übergroßen medialen Echo führt. Der gute Wille, die böse Sprache zurechtzuweisen, um ihr damit keinen Raum zu geben, bewirkt das genaue Gegenteil, da die rechten Populisten diesen Pawlowschen Reflex schon lange erkannt haben. So nehmen die Empörungskurven noch immer den gleichen Verlauf, Provokation und Gegenreaktion schaukeln sich in vorher berechenbarer Weise hoch. Der Nutzen liegt jedoch meistens bei den rechten Provokateuren. Der Wahlsieg Donald Trumps ist der erschlagende Beweis für die ungewollte Wahlkampfhilfe der liberalen Medien.

Die zweite Folge besteht darin, dass sich viele von den Sprachregelungen der Political Correctness eingeschüchtert fühlen, so dass sie in der Öffentlichkeit verstummen. Immer mehr Formulierungen und Worte werden aus dem öffentlichen Sprechen verbannt, so dass es immer schwieriger wird, die eigenen Erfahrungen mitteilen zu können. Der innere Zensor bringt immer mehr Menschen zum Verstummen, da sie beobachtet haben, dass sie sonst der öffentlichen Ächtung anheimfallen. Über beiden Tendenzen breitet sich die postmoderne Behauptung aus, nach der sowieso keine Realität existiert, sondern nur Interpretationen davon. Das Feld wird damit den Provokateuren und den Sprachpolizisten überlassen, die ihre ritualisierten Kämpfe austragen. Je enger sich der Raum der Meinungsfreiheit anfühlt, desto eindimensionaler wird die öffentliche Meinung. Und genau diese Verarmung bereitet das Feld vor, auf dem der Populismus sich mit schlichten Thesen als besonders mutige Stimme etablieren kann.

Und drittens schließlich ist die aktuelle Beschwerde über das postfaktische Zeitalter ebenfalls eine Folge der postmodernen Dekonstruktion. Nachdem jahrzehntelang jede Darstellung von sozialer Ungleichheit dadurch ausgehebelt wurde, dass man Statistiken und Tatsachen zu Interpretationsfragen erklärt hat, muss man sich heute nicht wundern, wenn genau diese Leugnung des Offensichtlichen auch von rechten Parteien kopiert wird. Das postfaktische Sprechen ist keine Erfindung der Populisten, sondern des Neoliberalismus.

Die liberale Form des öffentlichen Sprechens hat sich durch seine Kollaboration mit dem moralischen Arm der Postmoderne so weit in die Sackgasse gebracht, dass nur noch eine radikale Befreiung helfen kann. Das Projekt der PC ist schon lange an einem Punkt angekommen, wo es objektiv das Gegenteil von dem bewirkt, wofür es mal angetreten war. Was Diskriminierung bekämpfen wollte, produziert Ausschluss aus dem öffentlichen Sprechen, und was die Waffen der Sprache zivilisieren wollte, hat zu einer gewalttätigen Sprachpolizei geführt, vor der sich immer mehr Menschen fürchten, und was die Gesellschaft gleicher machen wollte, hat zu einem Diskurs geführt, der die Eliten vor jeder Kritik schützt.

Schöne Seelen, gute Menschen und die Anteilslosen

In einer Inszenierung des Regisseurs und Autors Milo Rau hält eine junge Frau einen Vortrag darüber, was sie in ihrer mehrjährigen Arbeit als Entwicklungshelferin erlebt hat. Je länger der Vortrag dauert, desto unsympathischer wird die Person. Was anfangs der mitfühlende Impuls eines jungen Menschen aus der reichen Welt war, der etwas Gutes tun will, wird, je tiefer man in die Widersprüche der Entwicklungshilfe eintaucht, immer fragwürdiger. Am Ende beschleicht das Publikum die unbehagliche Einsicht, dass der Antrieb, hilfsbedürftige Menschen in Afrika zu retten, vor allem das Ego der weißen Mittelklasse steigert: Man hilft und fühlt sich darum gut. Und zugleich findet man die Überlegenheit der eigenen Lebensform permanent bestätigt, da es ja so viele gibt, die auf Hilfe angewiesen sind. Der weiße Herrenmensch tritt im Theater in Gestalt einer sehr sympathischen Frau auf, die aus den edelsten Gründen zu einer Kolonisatorin der Seele wird.

Um den Widersprüchen der Inszenierung noch eine weitere Ebene hinzuzufügen, beginnt der Abend mit dem Monolog einer afrikanischen Schauspielerin, die von ihrer Adoption durch ein belgisches Ehepaar berichtet. Inzwischen arbeitet sie als Schauspielerin in Europa, hat jedoch immer wieder die Sorge, dass sie allein wegen ihrer exotischen Hautfarbe engagiert wird, um für die jeweilige Inszenierung eine politisch korrekte Zutat zu sein. Genau als eine solche Beglaubigung wird sie in der Inszenierung von Milo Rau auch eingesetzt und muss während des Monologs der weißen Frau stumm im Hintergrund sitzen. Sie ist der lebendige Beweis, dass die Weißen gerne und viel über die Schwarzen sprechen, selbst ist sie aber noch immer nicht mehr als Staffage für das schlechte Gewissen der Weißen und ihr Mitleid. Die schwarze Schauspielerin ist auf einer europäischen Bühne noch lange keine gleichberechtigte Partnerin, auch dann nicht, wenn ein Vortrag über Afrika gehalten wird. Der doppelte Widerspruch von Inszenierung und schwarzem und weißem Leben wird in „Mitleid. Die Geschichte des Maschinengewehrs"[51] so dargestellt, dass er wie ein dialektisches Bild den versteckten Zusammenhang von Political Correctness, schönen Seelen und guten Menschen begreifbar macht.

Die schöne Seele war für Hegel die Bezeichnung für einen Menschen, der sich von allen Übeln der Welt rein halten wollte, da seine Empfindsamkeit der Rohheit nicht gewachsen war. Im Umkehrschluss verurteilte die schöne Seele die Welt für genau diese Rohheit, die sie ihr antun will. Sie flieht vor der Welt, um sich rein zu halten, und verurteilt die Welt dafür, dass sie nicht ebenso rein ist wie die schöne Seele.

Lange schwankte die Beurteilung dieses Verhaltens zwischen einer Bewunderung für die entwickelte Sensibilität und einer Verachtung für deren Empfindlichkeit. Erst Hegel entdeckte die ihr innewohnende Dialektik, indem er beschrieb, wie die schöne Seele die Ursache für die Brutalität der Welt ist. Denn wer vor der Welt flieht, um rein zu bleiben, macht sich schuldig am Unrecht, da er es allein aus dem Drang nach eigener Unversehrtheit verabscheut, ohne es in der Realität ändern zu wollen. Hegels Schluss ist so vehement wie folgerichtig: Es gibt nur ein absolut Böses in der Welt und das ist die schöne Seele.[52]

In der Postmoderne findet sich die schöne Seele in der ganzen bürgerlichen Welt wieder. Bezeichnet wird sie heute jedoch mit der etwas ungenauen Wortschöpfung „Gutmensch". Die Widersprüche des Gutmenschen sind nicht weniger schwer zu erkennen als die der schönen Seele und doch hat er es durch eine neue Wendung geschafft, schon die Möglichkeit seiner Benennung moralisch zu diskreditieren. Wer „Gutmensch" sagt, ist schon einer politisch unkorrekten Sprache verdächtig. Es gibt also eine strategische Verbesserung für die Position, die Hegel als das absolut Böse erkannt hat.

Was also sind die wesentlichen Widersprüche in der postmodernen Variante der schönen Seele? Der Widerspruch liegt im Begriff der Performativität. Damit ist gemeint, dass alles Sprechen ebenso wie alle sozialen Verabredungen eine Konstruktion sind und nur die Theorie, die dieses behauptet, keine Konstruktion ist. Wie schon am Beispiel der Political Correctness gezeigt, produziert ein Paradox für denjenigen, der über seine Anwendung verfügt, Vorteile. Doch was passiert, wenn verschiedene gesellschaftliche Gruppen in ihrem Wettbewerb um Vorrechte über dieselbe Technik der paradoxen Kommunikation verfügen?

In der Flüchtlingsdebatte ist eine Rivalität um die vorteilhafteste Paradoxie ausgebrochen. Die Position, die offene Grenzen fordert, sieht ihren moralischen Vorteil plötzlich von Feministinnen und Homosexuellen in Frage gestellt, die davor warnen, dass mit der großen Zahl junger muslimischer Männer auch Frauen-, Juden- und Schwulenfeindlichkeit wachsen. So entsteht im Inneren eines zuvor einigen Lagers ein Wettkampf, wessen Anliegen das moralisch höherwertige ist. Treten dann bei einem Karneval der Flüchtlinge, wie 2016 in Berlin, auch Palästinenser mit Anti-Israel-Parolen auf, so gerät die ganze Moralarchitektur vollständig aus dem Lot.

Zwischen den Opfergruppen müssen plötzlich die Konflikte des Nahen Ostens mit den moralischen Mitteln einer liberalen Gesellschaft verhandelt werden.

Da drängt sich die Frage auf, ob der Wettstreit um die beste Opferposition überhaupt sinnvoll ist, um die wachsenden Widersprüche der Gegenwart politisch austragen zu können. Schaut man in die Geschichte, so führte die Moralisierung oder Theologisierung von Gegensätzen immer zu gewalttätigen Auseinandersetzungen. Denn wer im Besitz des richtigen Glaubens oder der richtigen Moral ist, der ist nicht mehr bereit, die Ansprüche des anderen anzuerkennen. Eine der größten Leistungen der Aufklärung bestand darin, solche Konflikte in die Form der Politik zu übersetzen, um sie dadurch in Prozesse zu bringen, in denen die Gegensätze vehement aufeinanderprallen können, die aber zugleich an ihrer Aufhebung interessiert sind.

Die Funktion der Politik, fundamentale Gegensätze zu antagonistischen Konflikten zu machen, wird in der Postmoderne von zwei Seiten zerstört. Einerseits werden immer mehr Entscheidungen nicht aufgrund einer politischen Debatte getroffen, sondern als Sachzwänge in einem Verwaltungsakt beschlossen. Der politische Antagonismus wird durch zweckrationale Argumente zu einer alternativlosen Entscheidung gemacht. Damit wird aus politischen Antagonismen das postpolitische Verfahren, das parallel zur Logik des Marktes funktioniert. Aus gesellschaftlichen Bedingungen werden sachliche Abhängigkeiten, die nicht mehr politisch, sondern marktförmig entschieden werden.

Die andere Seite ist mindestens ebenso gefährlich für die Demokratie und wird als postfaktisches Zeitalter bezeichnet. Dieses folgt, wie oben gezeigt, aus der Verweigerung des postmodernen Denkens, Tatsachen anzuerkennen, und den Tabus der Political Correctness, bestimmte Aspekte der Realität benennen zu können. Nach dieser Logik bleiben nur noch zwei Möglichkeiten, überhaupt öffentlich zu sprechen. Entweder man reklamiert für sich die Position der rationalen Vernunft, die letztlich nichts entscheidet, sondern die die im Markt getroffenen Entscheidungen als alternativlos moderiert (die Methode des liberalen Populismus), oder man zieht die moralische Konsequenz aus der Realitätsverleugnung der Postmoderne und lässt nur noch Gender und Race als paradoxe soziale Konstruktionen gelten.

Gegen das postfaktische Sprechen der Postmoderne rüstet sich eine fundamentale Opposition, die den Raum des Liberalismus verlässt und an seiner Stelle einen Gefühlsrealismus etablieren will. Beide Seiten unterstellen sich damit, die Realität nicht angemessen zu verstehen und dadurch überhaupt erst zum Entstehen der Probleme beigetragen zu haben. An einem Beispiel aus der jüngsten Vergangenheit kann die fatale Konsequenz der gegenseitigen Beschuldigung erkannt werden: Nachdem sich in der Kölner Silvesternacht 2015/16 muslimische Männer in Gruppen zusammengefunden hatten, um Frauen einzukreisen, „anzutanzen" und zu beklauen, konnten Berichte darüber als Ausdruck von Rassismus abgetan werden oder es konnte die Tatsache, dass Frauen in der Öffentlichkeit nicht mehr ausreichend geschützt sind, als Gefahr für die Zivilgesellschaft begriffen werden. Während die einen die zahlreichen Berichte über die Vorfälle für rassistisch motiviert hielten, beschwerten sich die anderen darüber, dass schon viel zu lange keine öffentliche Auseinandersetzung über die Folgen der Flüchtlingspolitik erlaubt gewesen ist.

In der erhitzten Debatte wurde deutlich, dass immer mehr Menschen den Eindruck hatten, dass sich der Bereich des öffentlich Sagbaren immer weniger mit ihren alltäglichen Erfahrungen deckt. Der Verdacht breitete sich aus, dass es eine unausgesprochene Regel gibt, nach der alle die Willkommenskultur gut zu finden haben und jeder Widerspruch mit dem sofortigen Rauswurf aus der bürgerlichen Welt geahndet wird. Je einhelliger Medien und Politiker die positiven Seiten hervorkehrten und alle Schattenseiten von ihren Wählern fernzuhalten versuchten, desto mehr Misstrauen breitete sich aus. Immer mehr Menschen fühlten sich bevormundet und in ihrer Moral gekränkt, da ihnen implizit unterstellt wurde, dass sie bei jeder schlechten Nachricht automatisch zum Rassisten werden würden. Die Folge war eine erstickte Debatte, die sowohl dem politischen Klima wie dem Glauben an die liberalen Umgangsformen einen Bärendienst erwiesen hat.

Durch die Ereignisse der Silvesternacht 2015/16 in Köln und anderen deutschen Städten wurde das Problem der Berichterstattung offenbar. Das Problem lag eben nicht in der Tatsache, dass allein lebende Männer, die aus Krisengebieten kommen und nun in Wohnheimen hausen, zu Verhaltensweisen neigen können, die mit unserer freizügigen Feierkultur schwer zu vereinbaren sind. Das Problem bestand vielmehr darin, dass die Medien zuvor ein Bild der Flüchtenden erzeugt hatten, wonach sie alle Akademiker, Familienmenschen und sehr dankbare und gute Arbeitskräfte sein sollten. Der Flüchtling war durch die tendenziöse Berichterstattung zur besseren Ausfertigung des deutschen Arbeitslosen gemacht worden und außerdem war er auch noch exotisch, was wiederum den mondänen Menschen aus dem Bürgertum besonders gut gefiel. In der Hochphase der moralischen

Bevormundung konnte man Texte von Professorinnen in Philosophiemagazinen lesen, die darüber schwärmten, wie toll es doch sei, zwei junge, verwegen aussehende syrische Männer in die inzwischen verwaiste Villa aufzunehmen. Man stelle sich kurz den Aufschrei vor, wenn der Text von einem Mann geschrieben worden wäre, der zwei junge, verwegen aussehende syrische Frauen bei sich aufgenommen hätte, um das Maß an Sexismus und Rassismus darin zu sehen.[53]

Die Willkommenskultur offenbarte also einige seltsame Abgründe der deutschen Seele. Der Fremde ist uns willkommen, wenn er erstens dankbare Augen hat, zweitens eine gute Arbeitskraft ist und drittens aufregender aussieht als die heimischen Hartz-IV-Empfänger. Eine solche Fernstenliebe bricht sofort zusammen, wenn einer dieser Punkte nicht erfüllt wird. Die jungen Männer in Köln haben sich eben als die traumatisierten und anders sozialisierten Menschen gezeigt, die sie sind. Ihr Hauptvergehen bestand in der Silvesternacht darin, dass sie nicht dem Idealbild entsprachen, das sich der Gutbürger von ihnen ausgemalt hatte.

Hätte man die Flüchtenden zuvor nicht so idealisiert, wäre man nicht so enttäuscht gewesen. Hätte man die Willkommenskultur mit einer kritischen Debatte über Zuwanderung begleitet und sie nicht nur moralisierend geführt, wären die harschen Abwehrreaktionen aus dem Lager der Willkommensbefürworter vermieden und das Erstarken der sowieso willkommensfeindlich gesinnten Rassisten gebremst worden.

Die Political Correctness ist in der Verbindung, die sie mit dem moralisierenden Sprechen der Gutmenschen eingegangen ist, nicht mehr Teil der Aufklärung und keine Waffe mehr im Kampf der Schwachen gegen die Starken, sondern eine reaktionäre Kraft. Die feinen Unterschiede etwa zwischen den Ansprüchen einer Frau, die ein selbstbestimmtes Leben führen will, und einer Religionsgemeinschaft, die der Frau eine andere Position zuweist, sind heute von scholastischer Komplexität.[54] Und nur wer sich in diesem Dickicht der Ansprüche elegant bewegt, kann sein Wollen politisch korrekt formulieren. Die Anteilslosen in der multiplen Gesellschaft der Postmoderne sind inzwischen alle diejenigen, die von diesem Spiel der Ambivalenzen ausgeschlossen sind.

Die Anteilslosen der Postmoderne bilden die Klasse der Proletarier unserer Zeit. Der Proletarier ist seinem Begriff nach derjenige, der sich nur um sein Überleben und seine Fortpflanzung kümmern kann. Er hat keinen Zugang zur Öffentlichkeit, da er nicht über die notwendige Bildung verfügt, um dort seine Stimme erheben zu können, und er hat nicht genügend Zeit dafür, da sein täglicher Überlebenskampf ihn vollständig okkupiert. Die Gewalt, mit der er in PC-Gesellschaften vom öffentlichen Leben ferngehalten wird, ist raffinierter als in früheren Herrschaftsformen.

Nicht mehr die körperliche oder geistige Erschöpfung sind heute die wesentlichen Mittel, um die Stimmen der Proletarier stumm zu halten, sondern die Grenzen zum öffentlichen Sprechen werden heute von den Polizisten der feinen Unterschiede bewacht. Alle Gefühle, die aus dem Bereich des Ressentiments kommen, führen ebenso zur Disqualifikation wie mangelnde Kenntnisse im politisch korrekten Sprechen.

Die Gewalt des Reichtums gegenüber den Armen war in früheren Gesellschaften brutal und sichtbar. Der Aufstand wurde mit körperlicher Gewalt unterdrückt, die Arbeitsdisziplin mit der permanenten Androhung von Arbeitslosigkeit durchgesetzt und begleitet wurde die Ungleichheit mit der Hilfe von Erzählungen, die die Rechtmäßigkeit des Unrechts behaupteten: Der Unternehmer ist ein mutiger Abenteurer, das „gute Geld" muss sich vermehren und der normale Mensch ist von Natur aus faul.

Das Wechselspiel aus Propaganda und Gewalt hat sich in der Postmoderne zu dem ungleich komplizierteren Verhältnis von Liberalismus und Biopolitik entwickelt. Die Dimension der Gewalt ist jedoch nicht geringer geworden, nur weil heute nicht mehr mit Gewehren auf Demonstranten geschossen wird und Transgendertoiletten eingerichtet werden. Die Mittel der Unterdrückung sind subtiler, was ihr Potential zum Aufstand dämpft, und sie sind ungleich effizienter, weil sie die Kontrolle in jedes einzelne Subjekt verlagern. Die Pointen der neoliberalen Erzählung bestehen darin, dass die Anteilslosen glauben müssen, dass sie selbst die Ursache für die Ungleichheit sind, und der Reichtum rechtmäßig ist, weil er sich den Qualitäten des Eigentümers verdankt und nicht aus einem ökonomischen System folgt, das die Besitzer von Kapital unverhältnismäßig bevorzugt.

Heute sind alle Kommunikationsformen verboten, mit denen der Klassengegensatz überhaupt formuliert werden könnte. Das Hauptziel postmoderner Ideologie ist erreicht: Die Klassen können weder für sich selbst denken noch sich ausdrücken, und die real existierenden Klassengegensätze haben sich ins Innere des Subjekts verlagert, wo sie als Wettbewerb ausgetragen werden.

Das postmoderne Denken war auf ganzer Linie erfolgreich, denn es ist nicht mehr verboten, Sozialist zu sein, sondern es ist einfach unmöglich geworden, sozialistisch zu denken und zu sprechen, ohne dabei die Sprachmuster des

Liberalismus zu verwenden. Dadurch ist auf der Ebene des Sagbaren der entscheidende Widerspruch des Sozialismus beseitigt worden. Der Gegensatz von Kapital und Arbeit ist nicht mehr in der Form öffentlich zu machen, durch die er als das Skandalon unserer Zeit sichtbar wird, das er ist.

Die böse Pointe im Sieg der Postmoderne über das sozialistische Denken tritt im Populismus immer mehr zutage. Während sich die rechten Bewegungen nicht nur vollständig gegen die postmoderne Ideologie immunisiert haben, sondern sie sogar zum Motor ihrer Wut und ihres Hasses machen, hat sie dem linken Denken seine wichtigsten Waffen geraubt – die Dialektik und den materialistischen Blick auf die verschleierten Verhältnisse.

Der Sieg der Postmoderne besteht darin, dass linke Politik unmöglich gemacht wurde, indem sie sie zum Gehilfen der Kapitalinteressen degradiert, zugleich aber nationaler und rassistischer Gesinnung immensen Zulauf verschafft hat. Ob dieser Sieg so geplant war? Und ob es ein wirkungsvolles Mittel ist, die Rechten zu bekämpfen, indem man ihnen vorwirft, dass sie sich damit aus dem Kreis der liberalen Bürger ausschließen? Beide Fragen müssen wohl mit Nein beantwortet werden.

It's the economy, stupid!

Das Fundament des liberalen Populismus besteht in der systemtheoretischen Erkenntnis, dass Grenzen nicht über erkennbare Instanzen kontrolliert werden dürfen, da diese der Komplexität nicht gewachsen und kritikanfällig sind. Der Liberalismus hat darum die paradoxe Grenze erfunden, die

die Entscheidung über den Zutritt vorgeblich in jeden Einzelnen verlegt und damit alle Angriffe auf ihr Grenzregime unmöglich gemacht hat. Diese Konstruktion erinnert nicht zufällig an die Logik des Marktes.

Die Funktion des Marktes besteht darin, dass durch ein Aufeinandertreffen von zwei gegensätzlichen, aber aufeinander bezogenen Interessen ein Verhältnis entsteht, das über den Preis zu einer geregelten Kommunikation findet. Für diese Funktion muss der Markt frei von anderen Mächten sein, die den Preis bestimmen wollen. Für Adam Smith war die Freiheit des Marktes die Grundvoraussetzung einer guten Volkswirtschaft. Diese Grundbedingung ist im Neoliberalismus ins Gegenteil verkehrt worden. Die Befreiung des Marktes wendet sich heute ausschließlich gegen staatliche Eingriffe und ignoriert die Macht der Monopole. So verliert der Markt die Grundlage seiner Freiheit und wird mit der kapitalistischen Wertschöpfung gleichgesetzt, die allein dem Profit des stärksten Teilnehmers gilt, der naturgemäß der Monopolist ist.

Der Markt erfüllt heute nicht mehr seine Funktion, Waren und Werte bestmöglich zu verteilen. Stattdessen begegnen sich hier zwei Kräfte, die so ungleich sind, dass sie keinen gerechten Preis mehr finden können. Heute treffen im Markt Kapitalcluster, die grenzenlos, dynamisch und blitzschnell handeln können, auf realwirtschaftliche Bedingungen, die vielfältig gebunden sind, weil sie im menschlichen oder natürlichen Zeitrhythmus leben und den Notwendigkeiten der Existenz gehorchen müssen. Heute trifft im Markt die Allmacht des Kapitals, das unangreifbar ist, weil es keiner der Bedingungen des Lebens unterworfen ist, auf die Ohnmacht der Menschen, die kein Kapital haben, sondern ihre Lebenszeit für Geld opfern, das sie für die Dinge des Lebens brauchen.

Ein linker Populismus müsste die Grenze neu vermessen. Er müsste zeigen, dass die letzte Entwicklung des Kapitalismus dazu geführt hat, dass der Markt das Gegenteil von dem leistet, zu was er gebraucht wird. Der Markt muss von den Linken gegen das Kapital verteidigt werden und seine Grenze muss neu gesichert werden, so dass das Kapital nur noch nach den Regeln des Marktes Einlass erhält.

Ein linkspopulistischer Antagonismus lernt von der paradoxen Grenze des Liberalismus und zieht darum die Grenze zwischen Mensch und Kapital so, dass das Kapital nunmehr auf der Außenseite steht und nicht mehr wie beim Liberalismus der Mensch. Er kopiert die Art der Grenzziehung, vertauscht aber die beiden Seiten. Nun muss das Kapital und nicht mehr der Mensch beweisen, dass es die Grenze überschreiten darf. Nun muss das Kapital sich als würdig erweisen, auf dem Markt handeln zu dürfen, und sein Ausschluss ist nicht die Folge von bösen Mächten, sondern der Beweis für seine Unfähigkeit, auf dem Markt erfolgreich handeln zu können. Nicht mehr das „gute Geld" sucht nach Anlagemöglichkeiten, wie die Eigentümer ihre Renditeinteressen gerne verharmlosen, sondern die Menschen prüfen, ob sie bei den Renditeinteressen des Kapitals mitwirken wollen oder nicht.

Ein linker Populismus könnte aufzeigen, wie das Kapital alle Bereiche des Lebens in ein Zombiedasein verwandelt hat: Der Markt ist ein Haifischbecken für Monopolisten geworden, die sich darum streiten, wer die meisten kleinen Fische fressen darf, der Liberalismus ist zum Deckmäntelchen des Neoliberalismus mutiert, die Politik ist zur Verwaltung der Kapitalinteressen degradiert und das Medium der öffentlichen Meinung ist zum Monopol des liberalen Populismus geworden.

Es handelt sich dabei um eine „organische Krise", wie sie für eine Zombie-Zeit typisch ist: Das Alte will nicht sterben und das Neue kann nicht geboren werden. Die Krise ist aber kein Zufall, sondern sie wird durch die Kommunikationsspiele des Liberalismus am Leben erhalten. Seine Intelligenz erfindet immer neue paradoxe Formen, um den Zusammenbruch aufzuhalten. Darum muss zuerst die Hegemonie des liberalen Denkens und Sprechens gesprengt werden, damit eine öffentliche Meinung entstehen kann, die nicht mehr daran glaubt, dass es zuerst dem Kapital gut gehen muss und später vielleicht den Menschen.

Das letzte Mal, als in Europa die öffentliche Meinung vor einem ähnlich radikalen Strukturwandel stand, galt es, mit der Aufklärung den Feudalismus zu besiegen. Heute stehen wir vor einer vergleichbaren Herausforderung, denn der Kapitalismus ist in seine feudale Phase eingetreten. Dieses Raubtier bedient sich ohne schlechtes Gewissen bei der ganzen Welt für seinen unersättlichen Hunger und die Eliten verteidigen es mit immer neuen Argumenten.

Heute besteht der befreiende Ruf nicht darin, zu sagen, dass der Kaiser nackt ist, sondern darin, zu erkennen, dass der Kaiser nicht mehr lebt, aber auch noch nicht tot ist. Das Kapital ist ein Zombie, der nicht getötet werden kann, da er als Funktion in allen Menschen lebt. Je mehr Menschen sich von ihm befreien, weil sie sich von dem Untoten befreien, desto schwächer wird die Macht des Zombies. Damit die Menschen sich befreien können, müssen sie sich zusammenfinden, um ihre Welt von der Macht des Kapitals zu befreien. Der Markt ist das Zentrum seiner Macht und wenn es hier keinen Zugang mehr erhält, gehört das Kapital zu der Welt der Anteilslosen, die bisher nur von Menschen bevölkert wird. Die populistische Forderung lautet heute: Freiheit für die Menschen und Knechtschaft für das Kapital.

Ein Populismus, der einen solchen Klassenstandpunkt vertreten würde, könnte sich ohne moralische Skrupel bei allen Kommunikationsspielen bedienen, mit denen die liberale Öffentlichkeit aufgeschreckt werden kann. Denn er würde das Gegenteil von dem tun, was der Rechtspopulismus tut. Er würde die Verhältnisse nicht naturalisieren, die Grenze nicht als rassistischen Ausschluss fordern und die Zuspitzungen nicht als Waffe der Mehrheit gegen Minderheiten gebrauchen. Er könnte zeigen, dass die Verhältnisse durch Interessen so geworden sind, die Grenzen dem Schutz der Menschen und ihrer Freiheit dienen sollen und nicht dem Egoismus des Kapitals und der Nationen, und er könnte die Widersprüche zwischen der dysfunktionalen Gier und den Bedürfnissen der Menschen zu den allerschönsten und allerbrutalsten Zuspitzungen bringen. Mit einem Wort, der Populismus könnte die Klassenfrage wieder zur wesentlichen Kraft im politischen Feld machen.

NACHWORT

Im Sommer 2016 fasste ich den Entschluss, ein Buch über den Populismus zu schreiben. Nach einigen Recherchen und Gesprächen wurde mir die große Diskrepanz immer bewusster, die es zwischen den nicht sehr zahlreichen theoretischen Untersuchungen und dem von Monat zu Monat wachsenden Erfolg der Populisten gibt. Das Nachdenken über die Eigenarten des Populismus schien in den immer gleichen drei Definitionen festzustecken: Er gibt einfache Antworten auf komplexe Probleme, betreibt eine Spaltung von Volk und Elite und behauptet, einen direkten Draht zum Volk oder zur Wahrheit zu haben. Zugleich ist auffällig, wie gut sich der Begriff dazu eignet, im politischen Streit instrumentalisiert zu werden. Sobald die eine Seite z. B. Gefühle von Wut und Enttäuschung aktiviert, ruft die andere Seite „Populismus". Wenn damit das Phänomen erschöpfend beschrieben werden kann, bleibt die Frage, wieso er von der liberalen Mitte wie ein Schreckgespenst gefürchtet wird. Denn das alles gehört doch seit jeher zum Handwerk demokratischer Politiker, die für ihre Partei die Mehrheit erringen wollen.

Offensichtlich machen die neuen Populisten etwas anders als der Mainstream und offensichtlich machen sie im Sinne der Demokratie etwas richtig, wenn z. B. die AfD bei den Landtagswahlen 2016 in Mecklenburg-Vorpommern aus dem Stand heraus mehr Stimmen bekommt als die CDU oder wenn ein

Populist zum US-amerikanischen Präsidenten gewählt wird. Was also ist die Ursache für den rasanten Aufstieg einer Politikform, die sich weder durch neue Lösungen noch durch eine besonders gekonnte rhetorische Performance auszeichnet?

Vielleicht liegt das Geheimnis also nicht bei einer verborgenen Qualität der Populisten, sondern bei einem Problem, das im Zentrum der liberalen, offenen Gesellschaften entstanden ist. Die schon am Beginn des 20. Jahrhunderts diagnostizierte „transzendentale Unbehaustheit", die nicht selten zu den Exzessen des Totalitarismus geführt hatte, scheint in eine neue Phase gekommen zu sein. Offenheit und Freiheit sind für immer mehr Menschen keine hart erkämpften Errungenschaften der Aufklärung mehr, sondern sie sehen darin eine permanente Bedrohung. Und was altmodisch „Entfremdung" genannt wird, verändert in der Spätmoderne seine Gestalt. Die Tendenz des Kapitalismus, die Reichen zu bevorzugen, von jedem alles zu verlangen und sich nur widerwillig um die Schwachen zu kümmern, hat damit eine neue Stufe erreicht. Mit einem Wort: Das freie Leben ist zur prekären Existenz geworden.

Doch der neoliberale Umbau des Kapitalismus erschöpft sich nicht in seiner globalen Ausbreitung und in der Steigerung von Effizienz, er greift auch, wie sein Name schon sagt, in das Wesen des Liberalismus ein. Einst stand die liberale Weltsicht für die persönlichen Freiheiten des Menschen, die gegen den Zugriff des Staates und die Zumutungen der Gesellschaft bestmöglich verteidigt werden sollten. Der Neue Liberalismus hat diese Eigenschaften enteignet und zum Motor für die Befreiung des Kapitals gemacht. Damit macht er die Tendenz des Liberalismus, die in der Selbstbehauptung des Eigentümers liegt, zur Hauptsache.

Das „Gespenst des Populismus" versucht, die schwer zu erkennende Form des liberalen Sprechens anschaulich zu machen, um seine paradoxe Funktion für das Kapital und die Menschen zu zeigen. Denn der heutige Populismus ist eine Revolte in der Kommunikation und er protestiert gegen die liberale Form der Öffentlichkeit. Die drei üblichen Definitionen werden dadurch als das erkennbar, was sie sind: Verteidigungsversuche der herrschenden Umgangsformen. Erst wenn man sie in dieser Funktion begreift, geben sie eine konkrete Auskunft: Der Erfolg „der einfachen Lösung für komplexe Probleme" besteht vor allem darin, dass die Komplexität liberaler Kommunikation zusehends als Technik der Macht erkannt wird. Es wird nicht der einfachen Lösung geglaubt, sondern der Rationalität des besseren Arguments wird misstraut. Der Abstand von „Volk und Elite" manifestiert sich in jedem einzelnen Sprechakt, der im Duktus des liberalen Populismus erfolgt, und die Aura des „direkten Drahts" zwischen Populisten und Volk entsteht aus dessen Erschöpfung, die eigenen Probleme immer nur anders erklärt zu bekommen, anstatt dass sie gelöst werden.

Wir stehen also mitten in einem Kulturkampf, der um die Werte der Gesellschaft und die Form der öffentlichen Rede geführt wird. Ob die richtige Seite hierbei gewinnt und welche das überhaupt ist, ist noch nicht zu erkennen. Was man hingegen schon sehen kann, ist, dass die Selbstgewissheit, mit der die liberale Gesellschaft die Privilegien der Eigentümer verteidigt, an ein Ende kommt. Die Prognose lautet, dass in tragischen Situationen wie der zwischen Populismus und offener Gesellschaft beide untergehen müssen, wenn sie es nicht schaffen, die eigenen Widersprüche anders zu lösen als durch die gegenseitige Zerstörung. Was mit dem Vormarsch der Populisten immer deutlicher wird, ist der tatsächliche Widerspruch hinter der Tragödie von Populismus und Liberalismus: Es ist der Klassenkampf zwischen Kapital und Menschheit.

Berlin, im Januar 2017

[1] Niklas Luhmann: *Die Politik der Gesellschaft*, Frankfurt am Main 2000, S. 286.

[2] Ebd., S. 301.

[3] Ganz anders als von Niklas Luhmann beschrieben, aber dennoch von der zentralen Bedeutung der öffentlichen Meinung überzeugt ist Jürgen Habermas: *Strukturwandel der Öffentlichkeit*, Frankfurt am Main 1962.

[4] Niklas Luhmann: „Zum Begriff der sozialen Klasse", in: ders. (Hg.): *Soziale Differenzierung. Zur Geschichte einer Idee*, Opladen 1985, S. 149 f.

[5] Luhmann (2000), S. 291.

[6] Vergl. Frank Unger: „Populismus und Demokratie in den Vereinigten Staaten von Amerika", in: Richard Faber, Frank Unger (Hg.): *Populismus in Geschichte und Gegenwart*, Würzburg 2008, S. 70 f.

[7] Karin Priester: *Rechter und linker Populismus*, Frankfurt am Main 2012, S. 68. Dass die Farmer des 19. Jahrhunderts sich als native Einwohner der USA bezeichnen, ist aus heutiger Sicht fragwürdig und zugleich ein drastischer Beweis dafür, dass alle Konzepte von Natürlichkeit immer soziale und politische Konstruktionen sind.

[8] Wie z. B. Karin Priester in ihren zahlreichen Publikationen zum Populismus.

[9] Wie z. B. René Girard: *Das Heilige und die Gewalt*, Frankfurt am Main 1992.

[10] Ausführlich Jan-Werner Müller: *Das demokratische Zeitalter. Eine politische Ideengeschichte Europas im 20. Jahrhundert*, Berlin 2013.

[11] Ausführlich Philipp Ther: *Die neue Ordnung auf dem alten Kontinent. Eine Geschichte des neoliberalen Europa*, Berlin 2016.

[12] Als Maybrit Illner in ihrer Sendung im *ZDF* vom 8. September 2016 die Frage stellte, ob die ganze Flüchtlingsproblematik nicht nur ein Ventil für eine sehr viel tiefere Verunsicherung der Menschen in Europa sei, stimmten ihr alle zu. Doch als sie diese tieferen Gründe erklären sollten, waren die Profipolitiker ungewöhnlich wortkarg. Die einzige Ursache, worauf sich alle einigen konnten, war die Globalisierung, die noch nicht richtig erklärt worden sei, und die Digitalisierung, die zu einiger Verunsicherung führe. Einen riesigen Bogen machten hingegen alle um die so naheliegende Erkenntnis, dass die allgemeine Verunsicherung wohl etwas mit den ökonomischen Strukturen zu tun haben muss.

[13] René Cuperus: „Der populistische Dammbruch. Die niederländischen Volksparteien unter Druck", in: Friso Wielenga, Florian Hartleb (Hg.): *Populismus in der modernen Demokratie*, Münster 2011, S. 164.

[14] Siehe den Bericht in *DIE ZEIT* Nr. 31/2016 über die Migration in einigen Städten in NRW.

[15] Diese Konstruktion findet sich in den Reden von Adolf Hitler bis zu denen von Björn Höcke, der gerne die Phrase benutzt: „Wir Deutschen sind ein gutmütiges und barmherziges Volk, aber ..."

[16] Mit dieser auf den ersten Blick etwas naiven Unterscheidung lassen sich doch in der emotionalen Kommunikation einige verwirrende Verbindungen und Gegensätze erklären. Siehe hierzu: Georg Lakoff, Elisabeth Wehling: *Auf leisen Sohlen ins Gehirn. Politische Sprache und ihre heimliche Macht*, Heidelberg 2008, und Elisabeth Wehling: *Politisches Framing. Wie eine Nation sich ihr Denken einredet – und daraus Politik macht*, Köln 2016.

[17] Vergl. Luc Boltanski: *Soziologie und Sozialkritik*, Berlin 2010.

[18] Vergl. Jan-Werner Müller: *Was ist Populismus? Ein Essay*, Berlin 2016.

[19] Diese Verbindung sieht Jan-Werner Müller inzwischen auch, nachdem er sie in seinem Buch noch nicht beschrieben hat. In *DER SPIEGEL* Nr. 43/2016 stellt er sich selbst die Frage: „Was ist die Gemeinsamkeit zwischen einem technokratischen und einem populistischen Politiker?", und antwortet: „Der Technokrat behauptet, es gibt nur eine vernünftige Lösung. Der Populist sagt, es gibt nur einen wahren Volkswillen. Beide sind Antipluralisten, für die ein demokratischer Austausch von Argumenten gar nicht stattfinden muss. Technokratie und Populismus bestärken sich gegenseitig." (S. 41).

[20] Dass die deutsche Presse diese Politik der Austerität mit feindseligen Äußerungen begleitete, die den „faulen" Mittelmeerstaaten vorwarf, unser Geld zu verjubeln, ist nur ein medialer Ausdruck des populistischen Charakters dieser Politik. Sie ist nicht der Grund, die Politik der Alter-

nativlosigkeit als populistisch zu beurteilen. Doch arbeiteten hier mediale Aufbereitung und Politikstil harmonisch einander zu. Zu der Fülle an tendenziösen Presseberichten siehe Ingar Solty, Alban Werner: „Der indiskrete Charme des Linkspopulismus", in: *Das Argument* Nr. 316, Heft 2/2016.

[21] Vergl. Naomi Klein: *Die Schockstrategie*, Frankfurt am Main 2009.

[22] Vergl. Stuart Hall: „Die Bedeutung des autoritären Populismus für den Thatcherismus", in: ders.: *Populismus, Hegemonie, Globalisierung. Ausgewählte Schriften 5*, Hamburg 2014, S. 121 ff.

[23] Ebd., S. 122.

[24] Ein Beispiel für die verqueren Kollaborationen bietet Jacques de Saint Victor: *Die Antipolitischen*, Hamburg 2015, S. 47.

[25] David Harvey: *Das Rätsel des Kapitals entschlüsseln*, Hamburg 2014, S. 231.

[26] Vergl. Johannes Simon: „Country for old men", in: *Konkret*, Heft 7/2016, S. 31 ff.

[27] Hier wird Walter Benn Michaels zitiert.

[28] Zur Dimension der subjektiven Freiheit als Kapital in der Postmoderne siehe Wendy Brown: *Die schleichende Revolution. Wie der Neoliberalismus die Demokratie zerstört*, Berlin 2016.

[29] Equal pay day ist ein Versuch, die gratisliberale Haltung des Kapitals zu einer Konsequenz zu bringen, die dann etwas kostet. Wieso dessen hartnäckige Verweigerung nicht zu einem größeren Aufschrei führt, bleibt ein Rätsel.

[30] Didier Eribon im Gespräch in *ZEIT online*, 4. Juli 2016.

[31] Georg Lukács: *Geschichte und Klassenbewußtsein*, Darmstadt (10. Aufl.) 1988, S. 193 f. Und er fährt fort: „Am groteskesten zeigt sich diese Struktur im Journalismus, wo gerade die Subjektivität selbst, das Wissen, das Temperament, die Ausdrucksfähigkeit zu einem abstrakten, sowohl von der Persönlichkeit des ,Besitzers' wie von dem materiell-konkreten Wesen der behandelten Gegenstände unabhängigen und eigengesetzlich in Gang gebrachten Mechanismus wird."

[32] Antonio Gramsci: *Gefängnishefte*, Heft 11, § 67 (GH: 1490), zitiert nach: Florian Becker, Mario Candeias, Janek Niggemann und Anne Steckner (Hg.): *Gramsci lesen. Einstiege in die Gefängnishefte*, Hamburg 2013, S. 228 f.

[33] Vergl. Oliver Marchart: *Die politische Differenz. Zum Denken des Politischen bei Nancy, Lefort, Badiou, Laclau und Agamben*, Berlin 2010, und ders.: *Das unmögliche Objekt. Eine postfundamentalistische Theorie der Gesellschaft*, Berlin 2013.

[34] Diese Argumente führt sehr detailliert Karin Priester aus: *Mystik und Politik. Ernesto Laclau, Chantal Mouffe und die radikale Demokratie*, Würzburg 2014. Hierin ist unschwer die grundlegende Paradoxie allen postmodernen Denkens zu erkennen.

[35] Robert B. Reich im Gespräch in *DER SPIEGEL* Nr. 32/2016, S. 70. Dieser Gedanke wird in seinem neuen Buch ausgeführt: *Rettet den Kapitalismus! Für alle, nicht für 1%*, Frankfurt am Main 2016.

[36] Was passiert, wenn eine politische Instanz tatsächlich einmal die Gewalt der Steuereintreibung anwendet, war im Sommer 2016 zu sehen, als die Europäische Union von Apple Steuernachzahlungen von 13 Milliarden Euro forderte. Sofort drohte die US-amerikanische Regierung mit Vergeltungsmaßnahmen. Nun können alle erkennen, dass des einen Steuervorteil der Nachteil des anderen ist.

[37] Hier wäre vor allem an das Freihandelsabkommen zu denken, das auf Druck des IWF die Europäische Union mit Afrika verhandelt und das dazu führen wird, dass die Landwirtschaft in Afrika endgültig zerstört wird.

[38] Neo Rauch im Gespräch mit Ulrike Knöfel in *DER SPIEGEL* Nr. 38/2016, S. 134.

[39] Eine Recherche in *DIE ZEIT* Nr. 40/2016 hat die trickreichen Kämpfe der wohlhabenden Hamburger Stadtteile gegen Flüchtlingsheime dokumentiert. Das Resultat ist einfach: Wer Eigentum besitzt, ist durch die Gesetze vor Flüchtenden in seiner Nähe geschützt. Und von diesem Recht wird gerade von den Milieus gerne Gebrauch gemacht, die am lautesten die Willkommenskultur propagieren.

[40] In diese Richtung geht die Argumentation von Herfried und Marina Münkler: *Die neuen Deutschen. Ein Land vor seiner Zukunft*, Berlin 2016. Das Verstörende hierbei ist, dass die Autoren

die wachsende Konkurrenz der Menschen um Lebensraum und Arbeit positiv sehen. Wenn diese Absicht von der Regierung tatsächlich intendiert sein sollte, ist der rechte Alarmismus, der vor einem Austausch der billigen Arbeitskräfte warnt, nicht mehr ganz so absurd. Auf jeden Fall findet sich in der Münklerschen Argumentation der Verdacht bestätigt, dass Willkommenskultur und radikale Globalisierung zwei Seiten derselben Medaille sind.

41 Friedrich Nietzsche: „Zur Genealogie der Moral", in: ders.: *Kritische Studienausgabe*, hrsg. von Giorgio Colli und Mazzina Montinari, München 1993, S. 267.

42 Ebd., S. 270.

43 Ebd., S. 271.

44 Siehe *Maischberger* vom 27. Januar 2016 bzw. *Hart aber fair* vom 5. September 2016.

45 Max Scheler: *Das Ressentiment im Aufbau der Moral*, Frankfurt am Main 1978, S. 4.

46 Jean-Paul Sartre: *Der Idiot der Familie. Gustave Flaubert 1821 – 1857, Band 1*, Reinbek bei Hamburg 1977, S. 404.

47 Reinhard Olschanski: *Ressentiment. Über die Vergiftung des europäischen Geistes*, Paderborn 2015, S. 45.

48 Ebd., S. 48.

49 Ebd.

50 Schaut man einmal unter dieser Perspektive auf die Entwicklungen der bildenden Kunst, so ist es nicht verwunderlich, dass sie zum bevorzugten Spielzeug der Superreichen geworden ist. Denn diese Klasse hat inzwischen einen Habitus ausgebildet, der wie die argwöhnische Intelligenz der Zensoren des 19. Jahrhundert den wahren Gehalt der Werke genauer begreift, als es die professionellen Kritiker und Kuratoren vermögen. Es ist kein historischer Zufall, dass die Kunst unserer Zeit den Reichen so gut gefällt, sondern ein Hinweis darauf, dass sich in ihr das Lebensgefühl einer raffiniert sublimierten Ungerechtigkeit zu einem gesteigerten Selbstgenuss geformt hat. Das Elend der Welt wird zu Höchstpreisen ästhetisiert.

51 Milo Raus Inszenierung *Mitleid. Die Geschichte des Maschinengewehrs* hatte am 16. Januar 2016 in der Berliner Schaubühne Premiere.

52 Vergl. Georg Friedrich Wilhelm Hegel: *Phänomenologie des Geistes, Werke 3, IV. Der Geist, C. c. Das Gewissen. Die schöne Seele, das Böse und seine Verzeihung*, Frankfurt am Main 1986, und Slavoj Žižek: *Der erhabenste aller Hysteriker*, Wien, Berlin 1992, S. 91 ff.

53 Barbara Vinken: „Stellt die Tatsache, dass 80 Prozent der Flüchtlinge (muslimische) Männer sind, aus feministischer Sicht eine besondere Herausforderung dar?", in: *philosophie Magazin*, Nr. 2/2016, S. 56. Ihre Antwort ist natürlich: Nein. Ihre Formulierungen, mit denen sie die Vorzüge „orientalischer" Männer schwärmerisch lobt, sind so rassistisch, dass ihnen, wären sie von einer Politikerin der AfD geschrieben worden, allgemeine Empörung sicher wäre.

54 Siehe die Schilderung von Deborah Feldman: „Befreiung unerwünscht", in: *taz*, 16.10.2016, die ihre Befreiung aus einer ultraorthodoxen jüdischen Gemeinschaft beschreibt und dabei auf viel Unverständnis gerade bei den liberal gesinnten US-Amerikanern stößt. Sie war mit ihrer Forderung nach einem selbstbestimmten Leben auf „den blasphemischen Schnittpunkt liberaler Politik gestoßen: Die Rechte von Frauen sind unantastbar – bis die Religion von Minderheiten ins Spiel kommt."

Foto: Marcus Lieberenz/bildbuehne.de

Bernd Stegemann ist Professor für Dramaturgie an der Hochschule für Schauspielkunst „Ernst Busch" in Berlin. Seit seiner Promotion über die Systemtheorie von Niklas Luhmann beschäftigt er sich mit der Dramaturgie des öffentlichen Sprechens. Er arbeitet seit über zwanzig Jahren an unterschiedlichen Theatern, zum Teil in leitender Position. Zuletzt war er am Deutschen Theater und der Schaubühne am Lehniner Platz in Berlin engagiert. Ab 2017 wird er zur neuen Dramaturgie des Berliner Ensembles gehören. Zahlreiche Veröffentlichungen zur Dramaturgie und Kunst des Theaters, zuletzt „Kritik des Theaters" und „Lob des Realismus". In *DIE ZEIT* (15/2016) erschien sein vielbeachteter Essay zur Flüchtlingspolitik, „Die andere Hälfe des Wahrheit".